新时代高校体育教学探索与创新

牛自力 著

中国纺织出版社有限公司

内 容 提 要

体育事业是一项关乎全民健康的重要工程,本书对新时代背景下高校体育教学的探索与创新进行深入研究。书中深入浅出地对高校体育教学进行概述,简明扼要地阐述了新时代高校体育教学现状及发展趋势,对新时代高校体育教学的内容进行剖析,系统地分析了体育教学的模式、手段选择和体育教学评价体系的完善与创新,并对体育教育创新型教学进行解析,最后对新时代体育教师信息化教学能力的培养进行探讨。全书结构合理、内容翔实,对新时代高校体育教学探索与创新具有一定的指导作用。

图书在版编目(CIP)数据

新时代高校体育教学探索与创新 / 牛自力著. — 北京 : 中国纺织出版社有限公司, 2025.6
ISBN 978-7-5229-1132-8

Ⅰ. ①新… Ⅱ. ①牛… Ⅲ. ①体育教学—教学研究—高等学校 Ⅳ. ①G807.4

中国国家版本馆 CIP 数据核字(2023)第 196536 号

责任编辑:张 宏 责任校对:王蕙莹 责任印制:储志伟

中国纺织出版社有限公司出版发行
地址:北京市朝阳区百子湾东里 A407 号楼 邮政编码:100124
销售电话:010—67004422 传真:010—87155801
http://www.c-textilep.com
中国纺织出版社天猫旗舰店
官方微博 http://weibo.com/2119887771
河北延风印务有限公司印刷 各地新华书店经销
2025 年 6 月第 1 版第 1 次印刷
开本:787×1092 1/16 印张:12.25
字数:187 千字 定价:98.00 元

凡购本书,如有缺页、倒页、脱页,由本社图书营销中心调换

前 言

2008年北京奥运会的成功举办，践行了"绿色奥运、科技奥运、人文奥运"三大理念，向世界展示了一届无与伦比的奥运会，也向世界弘扬了一种新的中华民族精神和智慧。体育的价值在和谐社会和小康社会的建设过程中，高扬着奥林匹克精神，实现着对世界和平主题的不懈追求，成为社会进步文化的重要内容和载体。

在"健康第一""终身体育"等新的教学理念指导下，在"体育强国""全民健身"的体育梦想的感召下，高校体育面向最广大的受教育群体，肩负着促进大学生群体身心健康发展和社会性发展的重要责任。当前，面向新思想、新形势、新学生群体的体育教学，必须坚持改革与创新，才能更加科学地实现体育教育的多元化功能，培养出适应现代社会发展的高素质人才。

本书共八章，第一章为高校体育教学概述；第二章为新时代高校体育教学现状及发展趋势；第三章为新时代高校体育教学内容设置与优化；第四章为新时代高校体育教学模式运用与发展；第五章为新时代高校体育教学手段选择与应用；第六章为新时代高校体育教学评价体系完善与创新；第七章为体育教育创新型教学；第八章为新时代体育教师信息化教学能力的培养。

本书在撰写过程中，参考了同类专著、教材、期刊等相关资料，特作说明并致谢。同时，书中若存在不足之处，恳请同行专家和广大师生给予指正。

著者
2023年3月

目 录

第一章　高校体育教学概述 ·· 001
　　第一节　体育教学与高校体育教学 ······································ 001
　　第二节　高校体育教学的特点与目标 ···································· 005
　　第三节　高校体育教学的功能分析 ······································ 011

第二章　新时代高校体育教学现状及发展趋势 ······························ 015
　　第一节　高校体育教学的发展现状与问题 ································ 015
　　第二节　高校体育教学的未来发展走向 ·································· 019
　　第三节　高校体育教学思维与目标的改革创新 ···························· 022

第三章　新时代高校体育教学内容设置与优化 ······························ 045
　　第一节　体育教学内容基本理论 ·· 045
　　第二节　体育教学内容的层次与分类 ···································· 054
　　第三节　体育教学内容的编排与选择 ···································· 059

第四章　新时代高校体育教学模式运用与发展 ······························ 067
　　第一节　体育教学模式基本理论概述 ···································· 067
　　第二节　常见的体育教学模式及应用 ···································· 075
　　第三节　新时代体育教学模式的创新与发展 ······························ 085

第五章　新时代高校体育教学手段选择与应用 ······························ 093
　　第一节　高校体育教学手段的基本内容 ·································· 093
　　第二节　现代教育技术手段的发展 ······································ 108
　　第三节　现代化教学手段在高校体育教学中的应用 ························ 118

第六章　新时代高校体育教学评价体系完善与创新 …… 127
第一节　体育教学评价概述 …… 127
第二节　体育教师教学质量评价 …… 135
第三节　学生学习效果评价 …… 138
第四节　体育教学评价体系的创新、发展与完善 …… 141

第七章　体育教育创新型教学 …… 145
第一节　体育教育基础知识创新型教学 …… 145
第二节　体育专业基础知识创新型教学 …… 151

第八章　新时代体育教师信息化教学能力的培养 …… 163
第一节　新时代体育教师的特征与基本素质 …… 163
第二节　体育教师的培养与培训 …… 167
第三节　体育教师信息化教学能力的特点与构成 …… 181
第四节　体育教师信息化教学能力的培养策略 …… 185

参考文献 …… 187

第一章 高校体育教学概述

第一节 体育教学与高校体育教学

一、体育教学

(一)体育教学的相关概念

1. 体育教育

体育教育是指以身体活动为手段的教育,就是身体的教育。

2. 体育教学

学校体育目标的实现离不开体育教学这一基本组织形式,同时也是学校体育的一个重要组成部分。体育教学具有目的性、计划性和组织性等特征,将相关知识与技能传授给学生,发展学生的智力,培养学生的品德,促进学生良好个性的形成,这个教育过程与其他学科教学相似。但体育教学又有自身的独特性,学校体育目标的实现、体育任务的完成都要通过体育教学这一重要途径。体育教学的范围很广,不仅指学校体育,还涉及竞技体育、社会体育等领域。

综上分析,我们将体育教学定义为:在学校教育中,学生在教师的指导下,积极主动地学习和掌握体育基本知识、技能和方法,提高身心健康水平和身体活动能力,强化对自然环境和社会环境的适应能力,形成良好的思想品德和个性的过程。

(二)体育教学的基本介绍

随着全球化的不断推进,在衡量社会进步与国家发展方面,体育事业的发展水平已成为一个非常重要的指标,而且国家与地区之间的交流也离不开体育这一载体。体育有竞技体育、大众体育、学校体育等多种类型,包括体育教育、体育活动、体育文化、体育竞赛、体育经济等诸多要素。虽然体育教学很早就出现了,但其真正的迅猛发展始于现代社会。自20世纪60年代以来,随着信息技术的快速发展,人类进入了信息社会,新技术、新材料、新能源及生物工程在社会各个领域得到了广泛而普遍的运用,并推动社会生产力的发展,使人们的生活节奏越来越快。这虽然使人们的生活水平有了提高,生活条件有了改善,但是随着电气化、自动化和智能化不断发展,人们在紧张的环境中工作和生活,身心健康都受到了影响。

20世纪70年代,联合国教科文组织对现代教育提出了人才培养要求,即培养具有"健全的体魄、高尚的道德情操、丰富的科学文化知识"的全面型人才,并指出应将体质作为人才评价标准之一,作为"三育"教育中的一个首要标准,由此体育教学在教育系统中的地位和作用得到了很大提升,同时也引起了人们的重视。此后,各国纷纷改革体育教学内容、教材和教法,并进行了深入的探索,如"快乐体育"教学模式深入研究体育教材的结构和"小集团"教学法,而不是一味地研究运动素材,这一举措有利于发挥体育教学在培养学生人格、个性方面的功能,将体育教学提高到了崭新的起点,促使体育教学为人的身心和谐与健全发展而服务。

(三)体育教学论

体育教学论是对体育教学现象和体育教学规律进行研究的科学。现代体育教学的各种现象及现象背后隐藏规律是现代体育教学论的主要研究内容。体育教学论是理论与实践并存的科学,因此可以划分为两部分,即体育理论教学论和体育应用教学论,其中体育理论教学论又有自己的分类。

二、高校体育教学

(一)高校体育教学的构成要素

高校体育教学的构成要素是指高校体育教学的结构要素与过程要素,具体分析如下。

1. 高校体育教学的结构要素

对体育教学具有影响的各种要素及其相互关系就是体育教学的结构。体育教材、体育教法、体育教师、学生等都是体育教学的基本结构要素。

概括而言,高校体育教学包括以下三个方面的结构要素。

(1)参与者

参与者是高校体育教学的重要因素之一,主要指高校体育教师和高校体育教学中的大学生。

在高校体育教学的参与者要素中,高校体育教师是外部主导,主要职能体现为对高校体育教学进行计划、组织、管理、监控等。高校体育教师的专业素质将直接影响其职能的发挥和体育教学效果,因此高校体育教师要有良好的敬业精神、业务能力等。

在高校体育教学中,高校体育教师的主要施教对象是大学生,这是高校体育教学的另一个重要主体。高校体育教师向大学生传授体育知识与技能,但大学生不能只是简单、被动地接受,必须在教师的指导下积极主动地参与学习,发挥自己的聪明才智,从而取得良好的学习效果。因此,从广义上来说,在高校体育教学中,大学生是一个主要制约因素和重要调控因素。在教学过程中,大学生既是受教育者也是施教对象,因为各个方面的因素影响,大学生之间的个体差异也很明显。大学生是否能动地参与体育学习,对教学质量好坏起决定作用。因此,针对大学生的特点和差异,因材施教,调动大学生的学习兴趣与热情是体育教师的主要职责之一。

(2)施加因素

高校体育教学要满足社会对大学生的要求,这主要体现在高校体育教学任务、教学内容、教学大纲与教学计划等要素中,这些要素在高校体育教学的结构因素中,属于外部施加因素,对高校体育的教与学起着联结作用。

高校体育教学过程是由体育教学任务、内容和计划等要素规定的,并以这些要素为依据组织与实施教学。高校体育教学任务和体育教学内容的价值均体现在显性和隐性两个方面,将这两类价值的关系处理好,可促进学生健康、和谐地发展。

(3)媒介因素

高校体育教学是在一定的时空条件下对相关信息进行有序传递的过程。媒介是传递信息的必备条件,具有针对性、可控性、安全性、抗干扰性及实用性等特征。高校在体育教学中,要想顺利地传递信息,必须具备场地器材、环境设备等重要媒介。高校体育教学质量能否得到保证,在一定程度上取决于是否具备高质量、现代化的媒介条件。

在高校体育教学过程中,这三大要素是动态结合、不断变化的,其中最为重要的是教师的主导作用。体育教师应掌握并熟练运用各种教学艺术,将大学生的学习积极性充分调动起来,提高教学质量,顺利完成教学任务。

2. 高校体育教学的过程要素

高校体育教学的过程要素具体包括以下几个方面。

(1)体育教学目标

通过体育教学要达到的结果就是体育教学目标。体育教学的价值取向主要体现在体育教学目标中。只有确定了体育教学目标,体育教学才会有明确的方向,体育教学的出发点和归宿也才能确定下来。

在体育教学评价中,体育教学目标是一个非常重要的定向参考因素,如果没有确定教学目标,体育教学就会盲目地开展,体育教师也就无法掌控教学过程。

(2)体育教学内容

在体育教学中,体育教师给学生传授的体育与健康知识、技能和方法等都是体育教学内容。体育教学目标能否达成,体育教学质量能否提高,直接受体育教学内容的影响。只有科学选择体育教学内容并有效实施,才能使体育教学过程更加顺利,成功完成体育教学目标,并使体育教学质量得到提高。

如果没有明确的教学内容,体育教学就不能称为体育教学,而只是体育锻炼,这时体育就不再是一个学科,而是一项活动。因此,选编和运用体育教学内容非常重要,在开展这项工作时,体育教师要对学生需要、社会需求、学科体系进行充分考虑。

(3)体育教学策略

体育教师以体育教学目标和学生的具体情况为依据而选择的有效教学技术和手段就是体育教学策略。此外,有助于学生理解教学内容的各种信息及信息的传递方式也属于教学策略范畴。

体育教学策略与体育教学目标、体育教师、学生等因素密切相关,这一要素对体育教学工作的成败和效率的高低有直接影响,所以为了更好地开展体育教学,完成教学任务,需要对体育教学方法、组织形式和手段进行科学选用。

(4) 体育教学评价

依据体育教学目标制定标准,运用有效评价等技术手段测定与衡量、分析与比较体育教学活动过程及其结果,并进行价值判断的过程就是体育教学评价。促进体育教学质量的提高和学生的全面发展是体育教学评价的主要目的。

作为体育教学的一个重要因素,体育教学评价与教学目标、教师等因素的关系非常密切,一般体育教学评价指标由教师根据教学目标制订。

(二) 高校体育教学的原理

高校体育教学的主体内容是体育运动项目,因此在高校体育教学内容设计中,必须重视不同项目的教学,并在具体项目教学原理中融入运动兴趣与情感体验,通过科学的体育教学原理,向学生阐释运动技能的形成与发展需要进行不懈的追求与努力,其功能体现为个体价值观与社会文化价值观的融合。

第二节 高校体育教学的特点与目标

一、高校体育教学的特点

(一) 以传授体育技术和体育知识为主要内容,根本目的在于增强学生体质

大学生进行体育学习,主要是为了锻炼身体、增强体质,从而为更好地为建设祖国贡献自己的力量。首先,体育技术是大学生的主要学习内容,也是体育教师的主要教学内容。大学生在反复学习与练习中,将所学技术转化为技能,从而能够通过合理有效的方法来锻炼身体。其次,体育知识是大学生需要掌握的体育教学内容,目的是为身体锻炼提供科学指导。一般在高校体育课程设置中,体育技术内容所占的比例要比体育理论知识所占的比例大,这是体育教学与文化课程教学在内容设置上的主要区别。文化课程以文化知识为主要教学内容,学

生在掌握这些文化知识的基础上才能更好地从事生产实践,在社会实践中发挥自己的能力;而体育课教学以技术和技能内容为主,以体育技术为主、体育知识为辅的设置方式有利于促进大学生健康成长。

(二)以身体参与活动和教学组织的多样化为特征

在文化课教学中,学生主要通过思维活动对教学内容加以掌握,而体育课教学与文化课教学的不同在于,学生除了要动脑外,还要亲自参与活动,即除了参与思维活动外,还要进行身体活动。在身体活动中,通过肌肉感觉,向中枢系统传递信息,经过大脑分析与综合,在理性上认识体育技术和技能。大学生如果缺少必要的身体活动,是无法对体育教学内容加以掌握的,尤其不可能掌握体育教学中技术技能类教学内容。

大学生在体育活动过程中,身体反复受各种条件刺激,从而建立起条件反射。在这个过程中,大学生不但能够学习体育技术,而且能够增强体质,提高健康水平。在高校体育教学中,大学生不可避免地要做一些身体活动,这既有利于其身体、心理的发育和成长,又有利于其保持充沛的精力。

体育教学以集体教学为主,但因为学生性别、性格、身体素质、活动能力等方面的差异,再加上体育教学容易受客观环境的影响,组织形式必须多样,从而满足不同学生的需求,适应不同学生的特点,提高教学质量。

在高校体育教学中,体育教师要善于运用社会学、教育学、生理学、心理学等多学科知识来对体育课进行精心组织,从而使体育教学过程与教学规律的要求相符。

(三)以对学生思想品德、心理品质培养的特殊作用显示其教育功能

体育运动有其独特征,体育教学就是通过这些独特性对学生产生积极作用,具体分析如下。

第一,竞赛性是体育运动的一个特点,正因这个特点,体育教学才能培养大学生的竞争意识与竞争精神。

第二,体育具有规则性,因此能够培养大学生诚实守纪的品质。

第三,体育运动要求参与者克服自身生理负荷,并勇敢面对客观条件的阻碍,因此有助于培养大学生勇于拼搏的意志品质与吃苦耐劳的精神。

第四,体育活动具有群体性,能够培养大学生的交际能力与协作能力,同时能够引导大学生树立良好的集体主义精神与爱国主义精神。

总之,当代社会的发展要求大学生具备良好的思想品德和心理品质,体育教学在这方面的作用是不可替代的。

在新时代,体育教学的教育功能越发鲜明和突出。当今世界正面临着新技术革命,这一方面给世界各国带来了良好的发展机会,另一方面给各国带来了巨大的挑战。人才的发展可以推动科技的进步,教育是培养人才的主要途径。只有促进中华民族整体素质的提升,我国才能在新技术革命中受益。

二、高校体育教学的目标

(一)体育教学目标的概念

体育教学目标是指体育教学中师生预期达到的学习结果和标准。

(二)体育教学目标的结构

1. 学校体育目标

学校体育目标指的是学校开展体育活动在一定时期内预期达到的结果。它主要由条件目标、过程目标和效果目标三个要素组成。

制定高校体育教学目标,首先要以学校体育目标为依据,这有助于通过体育教学目标实现学校体育目标。

2. 体育教学总目标

体育教学总目标指的是依据体育教学目的提出的体育教学预期成果。它包含以下三个方面的目标。

(1)实质性目标

实质性目标可以使学生对体育知识和技能加以掌握。

(2)发展性目标

发展性目标可以使学生身心素质得到全面锻炼和发展。

(3)教育性目标

教育性目标可以使学生形成正确的世界观和良好的个性品质。

3. 单元目标

单元目标是指导高校体育教学的重要目标,其为体育教师设计体育单元教学提供主要依据。

4. 课时目标

课时目标指的是体育课堂教学目标，就是每节体育课的教学目标，是具体的目标。

(三) 体育教学目标的制定

制定体育教学目标，需要参考一定的因素，遵循相关的要求，从而确保体育教学目标的有效性，充分发挥体育教学目标的引导作用。

(四) 体育教学的效果目标

我国高校体育教学的目标是增强学生体质，提高学生身心健康水平，培养学生的体育运动能力和思想品质，促进学生全面发展，使学生成为合格的社会主义建设者。

现阶段，我国高校体育教学的效果目标具体体现在以下几个方面。

第一，使学生身体得到全面锻炼，增强体质。

第二，使学生对体育教学的基本知识、应用技能等内容加以了解与掌握。

第三，使学生养成良好的思想品德，促进学生个性发展。

第四，提高学生的运动能力，为国家运动队培养并输送优秀的后备人才。

上述效果目标之间相互联系、相互促进，它们作为一个统一的整体不可分割，需采取有力的途径一步步落实。

三、实现体育教学目标需坚持的基本教学原则

(一) 日积月累，提高身体素质

1. 含义

该原则是指在体育教学中，经常性地通过适量的技能练习、各种游戏和比赛，使学生的各项身体素质得到全面发展和不断提高。

2. 贯彻该原则的要求

第一，根据学生的身体发展状况来安排身体活动量。

第二，根据体育教学目标来安排身体活动量。

(二)因材施教,体验运动乐趣

1. 含义

该原则是指在体育教学中,应根据学生个性的不同、身体素质的差异和他们对体育课认知水平的不同,让他们在掌握运动技能和锻炼身体的同时,体验运动的乐趣,促使学生喜爱运动并养成参加运动的习惯。

这一原则是依据游戏的特性和体育教学中运动情感变化的规律提出的。体育运动充满了乐趣,乐趣是体育的特质。一个运动项目从不会到熟练掌握,人们会有成功感和乐趣感;有的项目本身就妙趣横生、充满变数,令人乐此不疲;运动中同伴之间的巧妙配合也能产生许多意想不到的乐趣;有的项目在锻炼过程中虽然充满了劳累、痛苦,但锻炼结束后,会产生一种舒畅的满足感,这都是体育运动充满乐趣的表现。体验运动乐趣是人们进行身体运动和体育比赛的重要目的,也是体育教学的目的之一,因此,体育教学要想方设法满足学生对运动乐趣之间的追求。

2. 贯彻该原则的要求

第一,对运动乐趣问题要正确理解和对待。

第二,善于从"学习策略"的角度对运动乐趣加以理解。

第三,处理好掌握运动技能与体验运动乐趣之间的关系。

第四,对有利于学生体验运动乐趣的教学方法进行开发与运用。

第五,为学生获得成功的运动体验创造条件。

(三)言行规范,提高集体意识

1. 含义

该原则是指在体育教学中,发挥运动集体的作用,将自己融入集体,规范自己的言行,找准自己的位置,既要做好自己的工作,又要互相协助,为了集体的目标而共同努力,从而不断提高自己的集体意识。

体育教学主要在室外进行,受场地器材和活动范围的影响,体育的学习形式经常以小组为单位来组织,这使得体育学习方式与集体形成内在的关联。因此,体育教师应在教学中注重培养学生正确的集体意识和良好的集体行为,使学生学会帮助他人、关心他人,学会参与集体活动,为学生未来走向社会打下良好的基础。

2. 贯彻该原则的要求

第一,对体育教学活动中的集体要素进行充分挖掘。

第二,采用教学分组的教学组织形式。

第三,向学生提出共同的学习任务,使其相互帮助、相互合作。

第四,处理好集体意识和发挥个性之间的关系。

(四)潜移默化,积淀运动文化

1. 含义

运动文化是构成体育课程内容的主要部分,包含体育知识、各种运动技能、体育运动相关媒介等各种形式和物化状态的内容。"潜移默化,积淀运动文化"原则是指在体育教学中,通过多种方法、手段提高学生对古今中外优秀运动文化的认知和理解,通过对体育知识的学习和掌握以及自身的运动实践,积淀和提高学生自身运动文化的素养和水平,传承运动文化。

2. 贯彻该原则的要求

第一,重视体育教学中的认知因素,使学生能够真正学懂。

第二,对有利于学生运动认知的教学方法进行开发与运用。

第三,对"发现式学习"和"问题解决式教学法"进行科学合理的运用。

第四,运用现代化工具激发学生学习的积极性。

第五,创造良好的运动文化环境。

(五)防微杜渐,保证安全环境

1. 含义

该原则是指在体育教学中,要创造和提供使学生安全地进行体育运动的环境,同时要对学生进行安全运动教育,不断提高学生体育锻炼的安全意识和确保运动安全的能力。

体育技能教学是由角力活动、非正常体位活动、剧烈身体活动、器械上身体活动、持器械身体活动等构成的教学过程,危险因素时刻存在。这就要求学校和教师在体育课堂教学过程中,对可预知的危险做到提前防范,对不可预知的危险做到有应对预案,为体育教学提供安全的软硬件环境,对学生进行安全运动知识教育,把危险因素消灭在萌芽状态。

2.贯彻该原则的要求

第一,在体育教学中建立安全运动的规章制度。

第二,防微杜渐,对所有危险因素进行详细的考虑。

第三,制定防止伤害性事故的预案。

第四,时刻进行安全警示。

第五,将练习难度控制在学生能力范围内。

第六,充分发挥学生安全员的作用。

第三节 高校体育教学的功能分析

一、健身娱乐功能

高校体育教学的一个重要目标是教会学生合理、有效地利用身体、保护身体,从而提高身体健康水平,因而可以说学生的体育学习是一种利用身体同时完善身体的过程。"用进废退"的生物学规律在人体的发展中体现得非常明显,大学生只有科学合理地参加体育锻炼,才能使身体的极限效能得到充分的发挥。在锻炼的过程中,神经、肌肉会保持活动状态,这能够使人体运动系统和其他生理系统的功能得到有效保障,并产生良好反应。在体育教学中,学生是否可以快乐地参与其中,身心是否健康,取决于学生是否从内心深处喜欢运动,是否对此感兴趣,是否情绪高涨。

随着社会的进步和生活水平的提高,大学生的营养补充越来越全面,生活条件也得到了很好的改善,这就为其活动提供了良好的条件。与其他娱乐方式相比,大学生在体育学习中进行适度的活动,能够达到健身与悦心的效果,从而提高身心健康水平。

二、培养竞争意识

人类生活与竞技比赛有高度的相似性,因为人类与自然、社会、竞争对手等相关对象之间存在竞争关系,只有不断地竞争,人类才能更好地超越自己、完善自己，过上理想的生活。创造有利的条件来不断充实自我是竞争参与者必须重视的问题。在运动场上，参与者可以养成良好的品质和行为习惯，依据迁移原则，这些积极的变化会有效地作用于参与者的日常行为，并被社会高度认可与接受。运动场上有输有赢，社会生活也如此，胜者当然光荣，受人拥戴，但败者也需要被认可与尊重。不仅是运动员，包括大学生在内的所有群体都应该养成胜不骄、败不馁、顽强拼搏、勇于进取的良好品质。

竞技运动是高校体育教学的重要内容之一，通过相关内容的传授，大学生不断超越自我、完善自我，树立良好的竞争意识，其教育意义远比学生在竞技比赛中夺冠重要。

三、发展适应能力

现代社会，竞争越来越激烈，人们的生活压力越来越大，适者生存的观念已经深入人心，因此大学生必须具备良好的社会适应能力，才能更好地立足于社会。社会适应能力是一个广泛的概念，对不同的人有不同的侧重，但大学生只有具备全面的个人适应能力，才能保证自己更好地适应社会环境的变化。这里的全面具体指身体、心理、情感、道德等方面，缺一不可，体育教学在培养大学生个体适应能力方面具有重要的作用。体育教学贯彻"以人为本"的理念，对学生的兴趣爱好充分尊重，这样的教育活动有利于培养与提高大学生的适应能力。

四、改变行为

体育教学可以提高大学生的适应能力，由此可以积极影响大学生的行为，使其行为发生有益的变化。在体育教学中，很多活动与行为都合乎社会要求，所以很容易被社会认可和接受。这些合乎社会要求的体育活动对大学生来说非常有价值，能够使大学生不断调整自己的行为，逐步向社会道德准则和行为规范靠近。

体育教学还有利于培养大学生的智力，发挥大学生的聪明才智，使大学生更有想法、有干劲、能创新，行为更加理智、成熟。

五、改造经验

经验对于每个人来说都非常重要，生活中处处可以积累经验，而且处处离不开经验,随着经验的积累,人们会获得更好的生活能力。人的经验是丰富多样的,对于参与体育学习的大学生来说,除了读、写、说、算方面的经验,还需要具备以下几方面经验。

(一)动作经验

坐、立、行等属于最简单的动作经验,判断距离、判断速度、判断时间等则是比较复杂的动作经验,这些都是大学生在体育教学中可以积累的经验。除此之外,大学生还可以从体育教学中获得应对突发事件的能力。

(二)品格经验

品格经验在体育运动中至关重要,参与者只有公平竞争、信守诺言、服从法规制度、协调合作,才能更好地得到社会群体的认可。

(三)情绪经验

现代社会是文明社会,社会个体不能用野蛮的方式来发泄自己的不良情绪,否则会对社会秩序与和谐造成影响。体育教学有助于大学生用积极锻炼的方式调节自己的情绪,培养优良的情绪经验,保持良好的心理状态。

体育教学属于综合性教育,同时也是非常重要的生活教育手段,能够影响与改变大学生的情绪、心智、行为、品性等,使大学生获得更加全面的发展。

第二章 新时代高校体育教学现状及发展趋势

体育教学需要改革创新,只有这样才能满足时代和社会的要求。但改革创新需要以体育教学的发展情况为依据,如此才能保证体育教学的科学发展。本章对体育教学的基本发展状况进行研究,主要包括体育教学的发展现状与问题、体育教学的未来发展走向以及体育教学思维与目标的改革创新。

第一节 高校体育教学的发展现状与问题

一、体育教学的发展现状

在传统教育理念的背景下,学校体育对体育教学的内涵发展是非常重视的,但是,仅限于此,基本上忽略了其外延的发展,对提高教学质量的关注程度较高,在结构的优化方面所给予的关注却非常少。很长一段时间,学校体育的发展模式较为封闭,这与计划经济的影响是分不开的,因为缺乏开放式发展模式,虽然社会教育与学校教育不断发展,但学校体育教学明显落后,且长期没有得到有效的改善。

近年来,学校体育开始从体育教学的各个方面着手转变,来促进体育教学的进一步发展。

(一)体育教学目标方面的转变

学校从重视学生体质的增强逐渐转变为重视对人的教育。但学校在处理德育、智育、体育的关系上一直找不到折中的方式,只是强调三者在育人方面具有一定的相通性。其实,一直以来,学校都将增强学生体质作为育人目标中的首要目标,过分强调通过体育教学培养身体素质强的青少年一代,却忽视了育人目标的其他内容,忽视了人的多元需求,这导致体育教学内容以有助于增强体质的内容为主,忽视了对其他内容的挖掘与实施。另外,让学生掌握运动技能是学校体育教学的主要目标,为达成这一目标,学校一味让学生被动接受体育技能,却忽视了学生本身的创造性,学校没有针对学生的个性化需求设计灵活的教学内容和不同层次的教学目标,最终体育教学质量大打折扣,从而影响学生的全面发展和自我价值实现。

(二)体育教学思想方面的转变

由于我国传统教育思想存在时间较长,对体育教学产生的影响也较为深远,这就导致传统的体育教学对"三基"的创收比较重视,却没有投入一定的资源与精力培养学生的体育能力,也没有为培养学生的体育能力而有针对性地完善教学体系,包括更新教学思想、创新教学方法、完善教学模式等,这些工作的缺失以及教学要求的不明确最终导致学生缺乏基本的体育能力。另外,在体育教学实践中,一直没有探索出科学有效的方法手段来培养全面发展的青少年学生。从当前的形势来看,对于学校体育教学来说,尤其需要改进的是在体育教学过程中选择和采用有效、科学的锻炼方法。

(三)以培养学生能力为依据转变课程建设重点

体育教学对学生体育能力的培养是通过开展体育课程实现的,开展体育课程,首先要设计课程,即做好课程建设工作。但当前我国体育课程建设中存在重竞技体育项目、轻传统体育项目的问题,并且该问题长期存在,课程建设的弊端直接影响了课程开展的效果,片面的课程建设不利于培养学生的终身体育意识及锻炼习惯。

(四)体育课堂教学的限制因素

在体育教学中,体育理论课以及电化教学的应用也受到了一定的限制,比如,遇到雨雪天气,体育教学的开展就会因为缺少有效的对策而无法进行。对于不同专业学生是否开设不同的体育课程缺乏认真研究,没有根据专业课的方法来成立各个不同的教研组实施分类教学。

(五)体育教师综合素质的影响

当前,我国对体育教师的培养不够重视,尤其是和文化学科教学相比,更显得重视程度不足。不仅如此,体育教师也不重视自我提升,这些都是体育教师的知识储备、学历水平不及其他学科教师的主要原因。我国体育教师虽然技术性强,能够很好地完成运动技能的传授工作,但是因为普遍缺乏文化知识和科研能力,所以无法培养出全面发展的人才。

二、体育教学中存在的主要问题

我国体育教学存在很多弊端与不足,下面就其中几个比较重要的问题展开分析,以便从实际着手来探索解决问题的方法和路径。

(一)教学思想陈旧

体育教学的发展受诸多因素的影响,从宏观层面来看,社会因素和国家发展因素对体育教学的影响非常显著,国家和社会的发展对人才提出了严格的要求。为适应这一点,在很长一段时间内学校也基于此树立体育教学观念,一心将学生培养成社会和国家需要的人才,但对于学生真正爱好什么、在体育学习中有何需求等问题并没有给予应有的关注与重视。

从客观来讲,我国的体育教学思想滞后于整个教育发展体系,教学思想的落后必然会影响其本身指导功能的发挥,影响体育教学活动的开展,且随之会产生一系列教学问题,学生参与体育活动的积极性不高、缺乏体育兴趣,一定程度上与落后的体育教学思想有关。陈旧的教学思想阻碍了体育教学实践的改革与发展,限制了学校体育育人目标的落实。

(二)教学内容单一

我国从国外引入很多竞技性强的体育项目,其中有些项目备受人们喜爱和推崇,并成为学校体育教学的主要内容。青少年学生对国外传入的竞技体育项目颇感兴趣,参与的积极性比较高。有些学校甚至在体育教学目标的设置中纳入了竞技目标,竞技性教学内容受到了高度重视。但如果过分强调学生的竞技体育成绩,则体育在增强学生体质方面的功能及体育教学促进学生体质增强的目标就会被忽视,这不利于学生的健康成长与全面发展。

单一的教学内容也容易使学生的思维固化,一提到体育课,就想到竞技性项目,对娱乐性、传统性项目了解甚少,这不利于在青少年群体中传播我国传统体育项目及传统体育文化。

(三)教学形式落后

体育教学组织形式以集体教学形式为主,且运动技术是集体教学中的主流内容,陈旧而单一的教学组织形式与体育教学的多样性特征不符,也不适应体育教学的发展要求,因此应进行适当的改革,创造新的教学组织形式。高校的体育教学形式相对多元化,选修课的形式运用得很普遍,但教学内容还缺乏创新,和必修课的教学内容重复,或者无法吸引学生的兴趣,有些课程甚至无人问津,难以开展下去,这不利于体育教学的长久发展。

(四)教学计划与教学评价作用较小

在体育教学中,教学计划、教学评价都是不可或缺的组成部分,二者对体育教学的发展起着重要的促进作用。科学制订教学计划有助于引导教学活动的有序开展与实施,提高教学效率,达成教学目标,实施教学评价有助于直观了解教学效果与教学目标的契合度及存在的差距。

通常情况下,体育教学计划要按照相应的依据制订,学生的实际情况就是其中一个重要方面,具体来说,就是要针对学生的具体实际问题,通过教学评价做出详细有效的分析。

体育教学的上述两个组成要素之间存在十分密切的关系,二者共同发挥作用,促进体育教学活动的高效开展。但在当前的学校体育教学中,教学计划不被重视是一个普遍存在的问题,或者说虽然制订了计划,但是都不按计划行事,教学工作就无法有序开展。此外,教学评价以考试形式为主,过分强调考试成绩,无法真正发挥评价的功能与作用,学生也难以在有效的评价中得到激励与发展。

(五)体育教师的主导地位没有得到有效维持

在体育教学过程中,随着教学思想的不断转变,学生的主体地位得到了极大的提升。与此同时,这种转变也产生了一些必然影响,比如,体育教师的主导地位被削弱给予,有些人甚至出现了一些偏激的想法,即通过将体育教师的主导地位进一步削弱,来加强学生主观能动性的发挥,这种认为学生的主体性地位与教师的主导性地位之间是矛盾、此消彼长的关系的观点是错误的。

学生的认知规律要求在体育教学中尊重学生的主体性,对学生的主体地位给予重视,围绕学生这一中心开展教学工作。但不能一味强调学生的主体性而忽视教师的主导性,学生在体育课堂上主观能动性的发挥也需要教师的指导,教师在控制课堂节奏、引导学生学习以及促进学生全面发展方面发挥着不可替代的作用,所以要对教师的主导性与学生的主体性进行同步重视,不能单一强调学生的主体地位而轻视教师的主导地位。现代体育学习方式越来越多元化、先进化,如探究学习、自主学习、合作学习等方式都受到推崇与重用,但学生采用这些学习方式进行体育学习时会出现盲目跟风的现象,即在不了解这些学习方法的前提下选择不适合自己的学习方式,最终影响了学习效果。可见,即使有先进的学习方式,学生的学习依然需要教师的引导,教师主导作用的重要性不言而喻。

第二节 高校体育教学的未来发展走向

一、将终身体育作为体育教学发展的指导思想

终身体育,就是在人的生活中一直伴随着体育的参与。这一观念对体育教学的发展有重要意义。

(一)终身体育与现代社会发展需要相适应

强健身体,是所有社会人都向往的一个重要目标,老年人希望老当益壮、延年益寿;中年人希望身体素质全面发展、身体健康;青少年则希望增强各方面身体机能,促进生长发育。由此可见,终身体育与现代社会发展需求之间是相适应的。

(二)树立终身教育观念,形成终身体育能力

从体育教育的角度来说,树立正确观念、形成必要能力是其首要任务。为了让学生树立起正确的终身体育观念,需要采取一定的措施,比如,通过各种各样的方式和途径让学生全面理解体育的价值,真正将体育视为科学,因此,体育教

师发挥至关重要的主导作用。

终身体育能力,是体育教学开展的另一个重要目标,对于学生来说至关重要。具体来说,终身体育能力包含着多方面内容,有丰富的体育锻炼知识、长期锻炼的良好习惯,当然也包括多项体育锻炼技能。终身体育能力是终身体育得以开展的重要保障和条件。

二、体育课程目标的有效调整备受重视

(一)高度重视学生终身体育观念的树立

体育教学要高度重视学生终身体育能力的培养,从某种程度上讲,学生就是在这一重要前提条件下树立正确终身体育观念的。同时,这也有助于学生良好体育习惯的养成。这种观念不仅能有效指导体育教学目标的改革,同时还能推动新课改标准下的体育教学发展。

(二)体育对人全面发展的促进作用日益显著

教育包含的内容是多方面的,体育则是重要方面之一,体育教学的根本目标在于促使学生全面发展。一般而言,体育在改善和提高学生身心素质方面所起的作用是非常显著的,与此同时,还要注重学生智力的开发、思想教育、审美教育等的实施。

三、体育教学的内容得到进一步充实和完善

体育教学目标的实现受很多因素的影响,体育教学内容就是其中之一,同时也是体育教学目标得以顺利实现的有效载体。要想与现代体育教学发展的需要相适应,就要求进一步充分和完善教学内容,使其具备以下特点。

(一)通用性和民族性

现代体育教学内容必须保证其规范性和统一性,能够满足不同类型学生,这就是通用性。

民族性,是指乡土体育运动项目或民族传统体育运动项目具有鲜明地域特色。需要注意的是,这方面教学内容的引入,一定要与学生的特点和兴趣相符,对学生有足够的吸引力,否则就失去了教学意义。

(二)科学性和逻辑性

科学性,主要是指体育教学内容的选择要具有合理性,与不同的体育教学阶段所具有的侧重点相适应。

逻辑性,则是指体育教学内容的内部技能在处理上具有一定的程序化特点,并且与学生身心发展的规律是相适应的。

(三)多样性与趣味性

多样性,是指体育教学内容具有丰富性的显著特点,是学生个性化发展的重要前提和保证。

趣味性,一方面是指学生喜欢的、感兴趣的,另一方面通过引导使学生发现和理解体育教学中的趣味性和相关价值。

四、教材内容逐渐贴合学生的特点与实际需求

整体来说,虽然学生这一受众具有个性化特点,但是体育教学的教材和教学内容的差异性却是微乎其微的,其中竞技体育运动项目依然占有绝大部分比例,这些项目中包含一些专业要求高、难度系数大、重复无味的练习。但是,学生这一群体所需要的体育教材应该具有趣味性、实用性、健身性和娱乐性等特征,这样才能使学生多方面的需求得到满足,但这些都是目前体育教材所欠缺的。

这就要求体育教材中的内容与学生的根本需求相符合,对那些不能激发学生兴趣、与生活及未来工作无关的部分内容进行删减,适当调控教学时数进度,在潜移默化的教学中使学生树立良好的终身体育意识和习惯。

五、实施自主体育教学组织管理的必要性增强

学生的主体性地位以及在教学中的主动性往往被忽视,通常,统一的教育模式要求学生必须绝对服从体育教师,但这与实际情况相背离。尽管对于教师来说,军事化、一刀切的教学方法比较简单,但是这种教学组织方式也有非常显著的缺点,就是会抹杀学生好动、活泼的天性,同时,学生的积极性和兴趣也会因此被大大压制,很多学生产生抵制的情绪。针对这种情况,如果教师采取传统的继续施压的方式来处理,那么唯一后果就是学生的逆反心理越来越强。因此,实行自主的体育教学组织管理是十分必要的。从体育教师的角度来说,正确的做法

是,在体育教学过程中积极主动地开展对责任教育的研究,使学生明确自己该做的事情,在条件允许的范围内,尽可能发挥自己的聪明才智,能够在潜移默化中学习并实现自我管理和自我控制。

六、按照学生需要和社会需要来建立与之相适应的教学体系

学生在体育教学中处于主体地位,这就要求在建立体育教学体系时,要将学生的发展程度和对社会需求的满足程度作为评价的重要标准,应将满足学生的个体发展需要和社会需要作为建设教学体系的前提。

七、体育教学的多样化特点更加显著

体育教学的多样化特点在很多方面都有体现,并且呈显著提高趋势,具体如下。

(一)学生个体体育需要方面

在体育教学实践中,学生具有的个性化的特点决定了学生的需求是不同的,对于同一名学生来说,其体育需求也具有多方面性,如健身需求、娱乐需求、提高技能需求等。因此,在对体育教学的具体事项进行安排和规划时,教师要尽可能使学生各个方面的需求得到满足。

(二)学校体育内容方面

学校体育的内容必须具有多样化的特点,只有这样才能与学生的多样化需求相适应。例如,可以通过开设个体健身类运动项目,来满足学生的健身需求;通过开设反映当今时代特征的运动项目,来充分发展学生的个性,使实现学生自身价值和增进社会交流的需求得到满足。

第三节 高校体育教学思维与目标的改革创新

体育教学系统涵盖的要素众多,在这一系统中,体育教学思维与目标是其重要内容。可以说,一切教学活动的开展都要以体育教学思维为指导,围绕着教学目标进行,因此,体育教学思维与目标的改革创新是非常重要的。

一、体育教学思维的改革创新

(一)体育教学思维的概念与特征

1. 体育教学思维的概念

关于教学思维的概念,诸多专家及学者都有自己的见解和认识,其中以下两位专家的认识比较有代表性。

学者代建军认为,对于教学思维的认识可以从各种教学现象和教学问题等方面来理解,在具体的体育教学过程中,体育教师充分运用比较、综合、联想等方法组织教学活动,在教学过程中逐步形成自己的教学理念,在教学理念的指导下实现既定的教学目标与任务。在某种教学观念影响下作出的各种教学决策影响教学行为的思维活动就是教学思维。

学者刘庆昌认为,教学思维可以说是人类教学实践活动的理论总结,它指的是在一定的教学观念支配下的教育操作思路的统一体。

综上所述,我们可以将体育教学思维的概念概括为:体育教师从专业视角对各种教学问题进行思考并作出判断以及回答、议论和解决的认知过程。体育教学思维对于体育教学活动的顺利开展具有重要意义。

2. 体育教学思维的特征

体育教学思维可以说是对体育教学过程的一种认识,其特征主要表现在以下几个方面。

(1)动态性

在具体的体育教学活动中,师生之间少不了各种互动与交流,整个教学过程呈现出动态发展的特征。师生之间的互动也呈现出动态变化的特征。在课前、课中或课后,体育教师的情感会发生一定的变化,教师为了帮助学生更好地学习与提高体育知识和技能,采取各种手段与措施激发学生学习的兴趣。这些手段的采用带有一定的不确定性和变化性。选择的手段不同,就会带来不同的教学效果。

(2)复杂性

在具体的体育教学过程中,影响教学活动顺利进行的要素是多方面的,作为一名优秀的体育教师,一定要具备出色的组织教学活动的能力,要能洞察体育教学中的各方面因素,有针对性地开展教学活动。师生是体育教学中的重要主体,二者之间的关系比较复杂,除此之外,还存在其他方面的关系,体育教学需要在这种复杂局面下处理好各方面关系,引领体育教学主体朝着预期的方向发展。

师者,传道授业解惑也。作为一名体育教师,必须在具体的教学活动中,解答学生的各种疑问,帮助学生积极主动地思考问题,这就使得教师的思维呈现出一定的复杂性特征。

(3)应用性

与其他课程相比,体育教学活动具有很强的实践性。在体育教学活动中,体育教师利用各种教学手段与方法指导学生进行各种技术动作的学习。这一过程中充分贯穿着体育教师的教学思维,是体育教学思维在体育教学中的具体应用,体现出重要的应用性特征。

(4)综合性

整个体育教学过程是比较复杂的,存在各种不确定因素。体育教师要密切关注这些不确定因素,有针对性地开展教学活动。体育教师在教学过程中要充分结合体育教学目标、体育教学思想、体育教学理念、体育教学方法等因素组织与开展具体的教学活动,这样才能保证教学活动的顺利进行。另外,体育教师还要考虑自己的个性特征、体育教学策略、体育教学计划等,保证教学活动的顺利进行。

(5)元学科性

在体育教学中,学习与提高运动技能不是最根本的目标,其目的在于通过体育教师的教学,学生能掌握学习的手段与方法,达到学以致用的效果。为实现这样的目标,体育教师必须充分认识与了解体育学科的概念、特征、功能及思维方式等多方面内容,这样才能产生正迁移作用。

在互联网教学思维下,教学思维不仅要关注教学活动本身,还要重点关注体育教学活动的主体——学生,引导学生积极参与整个教学过程,这种情况下,学生的各方面素质才能获得进一步发展和提高。这一过程属于一个元认知或元学科式的横向思考过程,因此,体育教师一定要把握体育教学思维这一特征,这样才能组织与实施合理的教学活动。

(二)体育教学思维转变与发展的基本方向:从简单到复杂

人的思维方式主要包括简单思维与复杂思维,体育教学思维的转变主要指的是从简单思维到复杂思维的转变。

1. 简单思维

人之所以与动物不同,其中一个很重要的原因就在于人类具有各种复杂的思维方式,这一思维方式主要是指一定的世界观在人头脑中的内化与表现。恩格斯认为,人类的各种思维方式都是一定的历史时期的产物,在不同的时代背景下,人类的思维方式会呈现出不同的样态。人的简单思维主要源于简单性原则。但需要注意的是,简单思维并不是指简单化地处理社会问题,而是利用简单思维的方式处理复杂的问题,将问题简单化,这样可以更好地处理。总之,简单思维主要是将系统看作一个单一因果关系的线性相互作用系统,该系统处于一个平衡发展的状态,其运行是有序的,遵循一定的规则。

在简单性思维方式的指导下,世间万物都可以简化为机械系统,该系统内的各个零件相互作用、共同发展,如果人们能够对每一个零件进行细致的分析,就能总结出世界上各种事物的发展特点与规律。在人们认识世界与改造世界的过程中,简单思维发挥至关重要的作用。

在学校教育中,简单思维是建立教学体系的主要依赖条件,这一思维方式在体育教学领域也发挥着极为重要的作用。

而随着现代社会不断发展,简单思维逐渐与现代社会发展的客观要求不符,开始制约人类思维的发展,这就需要由简单思维向复杂思维转变。但需要注意的是,简单思维仍然在人类思维史上占有非常重要的地位,并不是可有可无的。

2. 复杂思维

随着现代社会的不断发展,人类探索世界的思维方式开始由简单思维向复杂思维转变。与简单思维不同,复杂思维主要呈现出以下几个特征。

(1)非线性

线性与非线性属于一种数学概念。线性指的是两个变量之间的正比例关系;非线性则是指两个变量之间没有直线关系。复杂性与简单性相区分的一个基本尺度就是非线性。非线性系统具有多样性的特征,在具体的实践探索中,我们要从不同层次、不同角度来研究复杂的非线性系统。

(2)生成性

世界每时每刻都处于不断发展和变化中,这说明世界具有不确定性的特征。

在这种情况下,世间万物也就呈现出一定的不可预测性和不可重复性特征。随着时代的不断发展,各种事物都会发生明显的变化。各种旧事物被淘汰,新事物萌生,整个世界呈现出一个复杂的动态过程,这一过程中各个事物是生成和变化的。

(3) 整体性

复杂思维还会呈现出一定的整体性特征,这一特征呈现出各个组成要素本身并不具备的新特征。对于整个系统而言,系统内各要素之间具有非常密切的联系,而且是比较复杂的,这一复杂性的科学理论也被称为"非还原论科学"。

(4) 开放性

在简单思维下,系统是处于封闭的平衡状态的,系统内各要素与其运行环境没有互动与交流。而在复杂思维下,系统被认为是开放的,系统内诸要素都与系统或外界发生各种各样的联系。因此,复杂思维要求我们本着发展的、开放的眼光看问题。这种思维方式与人类现实世界的真实图景更为接近,促使人们的思维方式由简单思维向复杂思维转变。

需要注意的是,在体育教学领域,我们通常在简单思维的指导下去分析问题和解决问题,对复杂思维利用不够。这一情况在未来的体育教学中亟须得到转变,才能符合现代学校教育的基本要求。

(三) 简单思维转变为复杂思维的必要性

1. 适应体育教学内在逻辑发展的需要

在当今社会背景下,体育教学理论的发展面临着诸多方面的挑战,体育教师要勇于突破传统的局限性,打破旧有的体育教学理论框架,重新审视体育教学理论,用复杂教学思维去分析问题和解决问题。

在现代教育背景下,运用复杂思维对体育教学系统内的各要素进行分析具有重要意义。这样做的目的是启发创新性思维,形成研究的新视角,从而紧跟时代发展的形势,这对整个体育教学而言具有非常重要的理论与实践意义。

2. 体育教学主体的复杂性

在整个体育教学系统中,存在各种各样的要素,正是因为这些要素之间的相互联系才构成了大系统。在体育教学系统中,教师和学生是重要的主体,缺少了任何一个主体,体育教学活动就无法开展。作为体育教师必须从生物学、社会学、心理学等方面对其进行全面的考察与研究，才能得出正确的结论。可以说，这两个主体要素的复杂性决定了体育教学系统的复杂性。

体育教学主体具有一定的复杂性特征，这一特征具体体现在以下几个方面。

第一，体育教学的主体——师生在年龄、经验与社会履历等方面都存在一定的差距，因此二者在思维方式、知识结构、综合素质等方面就存在一定的差距，这是非常正常的。

第二，由于每一名学生在身体素质、运动基础、兴趣爱好等方面都存在一定的差异，相应地就存在班级间的差异。

第三，体育教学中存在师生、生生等关系，处于这些关系下的人都会对其他人造成一定的影响，进而影响体育教学活动的顺利进行。因此，作为一名出色的体育教师，需要在平时的教学活动中恰当地处理彼此之间的关系，只有如此才能提高教学效率，实现教学目标。

因此，在具体的体育教学实践中，体育教师要充分认识到这一差异，要科学组织与安排教学过程，因材施教。

3. 体育教学其他要素的复杂性

体育教材是教师教学和学生学习的重要载体，缺少了这一载体，体育教学活动便缺乏知识体系。

作为学校教育的重要组成部分，体育教学在近年来受到高度重视。随着现代社会的不断发展，体育教学系统发挥着越来越重要的作用，体育教学能为社会培养大量的人才，满足社会发展的需求。

与其他学科不同，体育教学注重实践性，大部分教学活动都是在户外进行的，教学环境与其他学科也有极大的不同，既包括物质环境，又包括心理环境和社会环境，具有复杂性的特征。

4. 体育教学研究的简单化倾向

通过以上分析可知，体育教学属于一个复杂的系统，该系统包含元素众多，因此需要运用复杂思维来分析问题和解决问题。但是，受各种因素的影响，当前在学校体育教育中，简单思维方式仍然占据主导地位。这主要体现在以下几个方面。

（1）追求还原论，忽视整体性

运用简单思维去处理体育教学中的各种问题，主要表现为只追求突破体育教学的一个环节或一个部分,而忽视了整个体育教学系统的改革与发展。

(2)注重结果,忽视过程

在简单思维的引领下,人们往往只注重研究结果,忽视研究过程。这部分研究者试图寻找到一种一劳永逸的教学方式来引导体育教师和学生的发展,但实际上,整个教学系统以及系统内各要素都处于不断的发展和变化中,这一方式欠缺合理性。

(3)研究成果缺乏实用性

与一般的学科研究不同,体育教学研究更注重实用性,这主要表现在两个方面:一方面,需要通过一定的检验活动来评定教学研究成果是否正确;另一方面,通过一定的手段评定体育教学研究成果是否具有实用价值。这两个方面缺一不可。

体育教学研究是一项非常复杂而艰辛的工作,在这一研究过程中,工作人员需要付出加倍的努力才能获得预期的研究成果,这一研究成果不仅要正确,而且要具有一定的实用价值,这才是有意义的研究。因此,体育教学研究要强调来源于实际需要、应用于实际需要的实用性。

(4)重复研究,没有创新

作为研究人员,首先要明确体育教学研究的各个问题,要选择那些具有研究价值的选题,深入细致地调查与研究课题的现状,搜集大量的资料,展开细致的分析。当前,很多体育教学方面的研究都属于重复性研究,有很多研究内容都缺乏必要的意义,既不能丰富和完善现有的体育教学理论体系,又缺乏一定的实际价值。因此,体育教学研究要与时俱进,将创新性应用于发展,这样的研究才是有意义的研究。

(四)影响体育教学思维创新的因素

当前,我国学校教育普遍实施素质教育,其重要目的之一就是培养和提高学生的创新意识与能力。对于个体而言,要培养和提升自身的创新能力,首先要具备一定的创新思维,这是最为基本的条件。需要注意的是,创新思维并不是凭空产生的,其形成与发展需要一个长期过程,是个体通过不断摸索与发展才形成的。在培养创新意识或思维的过程中,会受到各方面因素的影响。作为个体,必须充分认识到这些因素,并采取必要的手段和措施消除这些因素带来的消极影响,才能促进个体创新思维的形成与发展。具体而言,影响个体创新思维的因素主要有以下几个方面。

1. 认知因素

学生在培养与发展自己的体育教学思维时,主要受以下认知因素的影响。

第一,容易产生思维定式,学生不能及时领悟当前发展的具体实际情况。

第二,学生的体育知识结构体系不丰富,缺乏提高创新思维能力的必要条件。

第三,技术动作表征和酝酿能力较差,不能正确地感知和理解问题。

第四,存在一些不良的思维品质,影响学生创新思维能力的培养。

2. 个性因素

个性也是影响体育教学思维创新的一个非常重要的因素,这主要体现在以下几个方面。

第一,如果体育教师和学生缺乏必要的创新需要和动机就会影响体育教学思维的创新。

第二,在创新兴趣比较匮乏的条件下,体育教学思维的创新也难以实现。

第三,如果缺乏一定的创新意志也难以实现体育教学思维的创新。

3. 师生因素

师生因素也是影响体育教学思维创新与发展的一个重要因素,这一因素主要体现在以下两个方面。

第一,若教师综合素质较低,则不能为学生提供有益的帮助,影响学生创新思维能力的培养与提高。

第二,缺乏良好的社会意识不利于学生创新思维的培养。

(五)体育教学思维创新的对策

1. 激发学生的学习动机和好奇心

为提升体育教学的质量和效果,体育教师必须引导学生激发自己的学习兴趣和动机,在这种情况下,学生才能产生主动学习的动力,从而引发创新思维。在具体的教学过程中,教师要为学生树立良好的榜样,善于启发和引导学生的发散性思维,产生新的思维火花,不断提升学生的思维创新能力。

为了进一步提升学生学习的动力,为创新思维的建立奠定良好的基础,体育教师在教学中要注意以下两方面要求。

一方面,在平时的教学过程中,要综合教学中的各个要素设计合理的教学方案,这些教学方案要能有效引导学生积极的思考。另一方面,在具体的教学过程中,要针对每一名学生的具体实际,合理设计与安排体育教学内容,满足所有学生的学习需求,提高学生学习的主动性和积极性。

2. 给予适度的心理自由和心理安全

对于生活在校园中的学生而言,除了加强其身体素质外,给予其一定的心理自由是非常重要的。学生只有拥有心理自由才会感到心理安全,才能保证心理健康,避免出现各种心理问题,才能在平时的生活与学习中自由地表达自己的思想,塑造与发展自我。为帮助学生实现心理自由与心理安全的目标,体育教师可以采取以下手段与措施。

第一,加强师生间的沟通与交流。教师要多鼓励学生,给予学生充分的信任,久而久之,学生就会建立起学习的自信心,以积极主动的热情投入学习中。

第二,在教学过程中构建一种良好的师生关系,增强师生间的互动与交流,师生共同发展和进步。

第三,教师应采取各种手段与措施激发和保护学生的创新思维,善于引导学生积极思考。

3. 尊重学生的独立人格

要想培养和提高学生的创新意识与能力,没有一个独立的人格是无法实现的。创造性的基础就是要强调人格,实现自我价值与个性发展。对于我国学校教育而言,受传统教育思想的影响,我国历来不太重视学生的人格教育。在这种情况下,很难培养和提高学生的自主创新能力。因此,尊重学生的独立人格,唤醒学生的自主性尤为重要,这是激发学生创新意识与思维的基础。在具体的体育教学中,尊重与培养学生的独立人格需要从以下方面着手。

第一,在平时的教学中,教师要给予学生一定的自由,让学生结合自身的实际情况合理安排学习时间,提高学习效果。

第二,采用先进的体育教学模式,给予学生充分的自主选择权,让学生自由选择学习内容。

第三,积极引导学生培养自己的创新思维与意识,提高创新能力。

4. 开展探究性学习

探究法,是指在教学中学生通过主动探究来掌握各种知识与技能的学习方法。这一方法在当今学校教育中得到了广泛应用。这一方法的运用能有效地提高学生的创新思维意识与能力。

在具体教学中,要注意以下几方面要求。

(1)目的要明确

教师在教学研究过程中首先要明确研究的目的,这样才能有明确的努力方向,否则体育教学的探究工作就毫无意义,还会浪费时间,更加不利于课程研究目标的实现。

(2)体育教学要与学生的知识水平相符

作为一名合格的体育教师,还要充分了解与掌握每一名学生的实际情况,充分了解学生的知识结构,包括学生的学习基础、学习态度、兴趣与爱好等,这样能更有利于引导学生进行教学探索。

(3)善于启发与引导学生

在体育教学过程中,存在大量的疑难问题,这时就需要体育教师积极地引导学生进行发散性思考,采取合理的手段与措施解决这些疑难问题。在解决问题的过程中,学生的探究与创新能力可以得到显著提升。

5. 利用网络资源培养创新思维

信息化时代,网络资源这一因素在社会各个层面都扮演着十分重要的角色,与此同时,学生利用网络资源的能力逐渐提高,以更好地培养和提升自主学习和创新能力,这对于学生创新思维能力的培养和提高具有重要意义。

在具体的体育教学中,体育教师设置15分钟的学生自主设计、组织准备活动,准备活动结束后教师考评,并在最终考核中将这部分成绩纳入其中。对于优秀完成作业的学生,教师要给予一定的表扬和奖励,这更能激发学生参与学习的积极性,有利于其思维创新能力的发展和提高。

在具体的教学过程中,教师可以提前和学生做好必要的沟通与交流,以保证教学活动的顺利进行。在教学中,学生可以向教师提出各种疑问和问题,教师逐步引导学生提升自己的发散思维水平,这对于培养和提升学生的创新思维能力大有帮助。

二、体育教学目标的改革创新

(一)体育教学目标的概念

要想将体育教学目标的概念作出界定,首先,需要对体育教学有一个全面的了解,主要从体育教学与其他学科教学的共性与差异性入手。

体育教学的一般教学活动特征为:体育课教学是学校的必修课,体育教学采用班级授课制,在体育课教学过程中存在多边关系,体育教学是"教师的教"与"学生的学"的双边活动。

由此,体育教学目标的概念为:"在运动技术教学过程中师生预期达到的结果和标准"。

(二)体育教学目标的划分

一般而言,体育教学目标可以分为学校体育目标、体育课程目标、单元教学目标、课时教学目标等。需要指出的是,这些目标的层面是不同的。其中,学校体育目标和体育课程目标是体育教学目标的上位概念,因此在讨论体育教学目标时应排除在外。也有的将体育教学目标体系分解为:学段教学目标、水平教学目标、学年教学目标、学期教学目标、单元教学目标、体育课教学目标等。

总的来说,关于体育教学目标的划分,没有专门的论述,体育课程标准将其分为四大类:运动参与目标、运动技能目标、体能目标、心理与社会适应目标。

(三)体育教学目标的分类

一般来说,体育教学目标的分类主要涉及三个方面,其中,不同目标所使用的行为动词是不同的。

1.认知领域目标

按照从简单到复杂的顺序,体育教学中认知领域的教学目标可大致分为知识、领会、运用、分析、综合、评价六个层次。其中,后五个层次属于理智能力和理智技能,如表2-1所示。

表 2-1　认知领域的教学目标分类

层次	行为动词
1.知识	界定、描述、指出、列举、选择、说明
2.领会	转换、区别、估计、解释、归纳猜测
3.运用	改变、计算、示范、发现操作、解答
4.分析	关联、选择、细述理由、分辨好坏
5.综合	联合、创造、归纳、组成、重建、总结
6.评价	鉴别、比较、结论、对比检讨、证明

2.情感领域目标

按照价值内化的程度,体育教学中情感领域的教学目标可分为接受、反应、价值评价、组织、由价值或价值符合体形成的个性化五个具体类别或者说五个层次,如表 2-2 所示。

表 2-2　情感领域的教学目标分类

层次	行为动词
1.接受	把握、发问、描述、命名、点出
2.反应	标明、表现、遵守、讨论、呈现、帮助
3.价值评价	邀请、验证、完成、阅读、报告、分享
4.组织	坚持、安排、修饰、比较、准备、关联
5.由价值或价值符合体形成的个性化	建立、分辨、倾听、实践、提议、品质

3.动作技能领域目标

体育教学中动作技能领域的教学目标可分为七个具体类别或者说七个层次,即知觉、定势、指导下的反应、机制、复杂的外显反应、适应、创作,如表 2-3 所示。

表 2-3　动作技能领域的教学目标分类

层次	行为动词
1.知觉	描述、使用、抄写、理解、解释
2.定势	选择、建立、安置

续表

层次	行为动词
3.指导下的反应	制作、复制、混合、依从、建立
4.机制	操作、练习、变换、固定、修理
5.复杂的外显反应	组合、修缮、专精、解决、折叠
6.适应	改正、计算、示范
7.创作	设计、发展、创造、筹划、编辑

(四)体育教学目标的生成来源

对于确定体育教学目标来说,就不能不考虑多种目标生成来源,它决定的是体育课程目标的价值。

通过分析和研究可知,学校体育课程目标的生成来源主要有学生成长的直接需求、体育课程范式的内在要求以及社会发展的实际需要。当然,这只是众多生成来源中的三个最主要来源,此外还有一些其他来源,并且不同教育观也对这三个来源的关系有不同的理解与认识。下面,就对这三种体育教学目标生成来源逐一分析。

1.学生成长的直接需求

教育是一种针对个人或群体的有目的、有计划的培养提升活动。接受教育的人是教育活动的着眼点,因此,无论教育的等级、内容、目的为何,其核心意义是满足人的生存与社会发展需要。由此看来,学校体育课程的目标就是为了满足学生的自身发展需求。

再通过对学生需要进行仔细分析,可发现其具有一定的复杂性,主要表现为学生的需要是不断产生的,并且在产生后会逐渐发展和变化。每个人的学习需求都是不同的,需求也会随着学生年龄的增长而呈现出变化,可以以时间为依据来划分,即有当前需求的满足以及有对未来长远需求的满足等。绝大多数学习者都清楚自己想要的是什么,但也有一些学习者不清楚,这部分人的学习需要依赖他人的引导和鼓励,以唤起他们自身对学习行为的重视。学习除了要满足实际的知识与能力的要求,还要从内在提升价值观与养成良好的意志品质。

著名学者泰勒就分析了学生对学习的几种需求:个人的健康需求、构建良好的社会关系需求、构建良好的公民关系需求、生活需求、娱乐需求、职业需求。马斯洛经典的需要层次理论也为学习者的学习需求带来了令人信服的解释。马斯洛的需要层次理论将人的需求分为生理需要、安全需要、归属和爱的需要、自尊的需要、自我实现的需要等多个层次。就一般的学生而言，他们所具有的需要主要为获取知识和增强能力的需要、自尊的需要、爱和归属的需要等。

如此看来，如果说制定学校体育课程目标的目的是满足所有学生的学习需要，这显然是不太现实的。只有抓住其中的关键问题，满足学生主要的学习需求，并辅以一些针对性较强的目标安排，就能基本满足绝大多数学生的学习需求。为此，学校体育课程目标的确定应考虑几方面内容：要对学生学习的内容给予关注，要对学生学习的时间节点给予关注，要对学生学习的个体差异给予关注。

2.体育课程范式的内在要求

一般来说，体育课程是决定原先制定的体育课程目标是否能达成的关键。现代课程论的观点认为，知识普遍具备两种功能，一种功能是体现出专门化研究领域的属性，另一种则是将学科领域作为一种促使个人生活与社会两方面需要都能得到满足功能，而这正好是学科展现出的最常见功能。两者相比，前者重在探讨学科规律，关注的是学科知识的创新与建构；后者则重在探讨知识的运用，即更多体现的是学科的工具作用。

许多实践表明，制定者在制定体育课程目标时更强调的是学科的特殊功能，并且热衷对该学科的教学能够带给学生哪些良好效益进行论证，以求所设定的课程目标对每名学生都能起到提升作用。然而如果以学科的特殊功能来定位的话，这里所说的对学生起到提升作用的地方基本就限定在体育范围内，而不能和学科的一般功能同等有效。这样一来，很容易导致学生所学的课程实用性较差。

很明显的一点是，学校将体育课程纳入教学体系的初衷并非培养专业体育运动员。体育课程与其他学科课程一样，都是普通的学科，每名学生都要接受这一课程教育，目的即为满足学生在生活中的需要以及满足社会对新时代人才的需要。

因此，学校制定课程目标时要避免对学科特殊功能的看重，而是应看重其一般功能。实际上，还有另一种极端思维，就是太过偏向于对学科的一般功能的重视，这样导致容易忽视学科本身的内在逻辑和规律。具体看来，体育这一学科课程的教学方法是组织学生开展身体教育、健康教育和运动教育,教育的内容是某种体育运动的技术,以此增强学生的身体素质,养成良好的健康行为习惯等。所以基于体育教学的这些属性,在制定体育课程目标时要符合学科教育的基本规律,一旦偏离则注定不能实现。

3. 社会发展的实际需要

社会需要是指社会在现代化的发展现状和趋势下对学校体育提出的要求。学校体育设置的最大意义就在于要将学生培养成德、智、体全面发展的新时代社会主义建设者和接班人。因此,就需要确立一个科学的学校体育目标,而这一目标的确立就是以培养有理想、有道德、有文化、有纪律、体魄健壮的社会主义新人为方向。

促进学生更好地实现社会化发展是学校体育教学的基本任务。社会发展的需要是通过个人发展需求体现出来的。也就是说,要想满足社会的需求,就必须先满足学生的需求,然后促使学生需求与社会需求相一致,这才是社会需求最终能够得到满足的基础。如此一来,只有社会的发展始终保持顺畅,才能更好地为人的发展提供平台,否则,个人发展将会遇到瓶颈以及诸多阻碍。实际上,这种关系反过来也是成立的,即人的良好顺畅发展可以推动社会更好地发展,如果人的发展不顺畅,则社会的发展注定处于荆棘中。因此,回归到现实的层面就可以认定,是否能对社会发展起到积极作用就成为个人是否得到良好发展的标志。同样可以认为当大部分人都能得到良好发展时,也是社会良好发展的标志。

(五)学校体育课程教学目标体系的构建

1. 体育课程教学目标要根据社会对学生的体育要求进行构建

在体育教育改革的指导思想下,现今的学校体育教学要始终围绕满足学生的体育学习需求和健康需求来开展。这种思想的依据是动机理论,即只有当人拥有强烈的动机时,主观行为上才会付出更多的注意力、主动力和持久力。动机所带来的就是需求。如果不能满足学生的需求,动机给人带来的行为驱动力就会大大减少,体育学习最终也就失去了生命力。基于这点,学校在制定体育教学目标时务必将学生个体的需要和社会对学校体育的教育需求相统一,不能使两者对立起来,或是平行没有交点。另外,过多强调学生个体的需要也不值得推崇,尽管这看似更符合突出学生在体育教学中的主体地位的新思路。之所以不推崇过度以学生为主,其原因在于毕竟学生所处的阶段决定了他们没有成熟的思维和足够的能力支持他们在体育教学中的完全主体地位。他们甚至不清楚自己的体育需求是什么,所以要求他们准确把握现实的体育需要与长远的体育需要,既不符合客观实际,也无法完成教学目标。

展现学生的体育需要最好的方式就是看学生对学习内容的选择,几乎所有学生在做这种选择时都是凭借自身的绝对兴趣。常见的学生选择是那些趣味性强的项目,如多种球类运动。而对于像田径、体操等需要付出一定意志力和体力的项目则相对较少被选择,然而恰恰像田径和体操这类项目对学生的体育发展更有利。正因如此,就决定了不能完全依赖学生体育需求的倾向,而是要求我们要站在更高的位置对体育课程教学目标进行统筹安排,以期既能满足学生的需求,又能满足社会对学校体育教育的需求,同时再配合正确的、多样的教学方法来激发学生体育学习热情,这就是制定学校体育课程教学目标的核心。

2. 强调学生对快乐情感的体验

现代教育理念非常关注培养学生对学习这种行为的良好情感,认为学生的学习行为应该能让他们感到快乐和成功,而快乐情感的获得能够催生出更大的学习动机和需求。为此,对学生在学习中的快乐情感的获得就应该予以重视。体育教学相比于其他学科的教学,在学生欢乐情感体验的获得上有明显的优势,这也是促使体育课程目标和价值得以实现的有效保证。但与此同时也要强调,尽管应将更多的欢乐元素融入体育教学中,但体育教学作为一项系统的学科教育,决不能为了欢乐而将其等同于任凭学生随意玩乐。

如此说来,学生在教学中所获得的快乐情感应该来自学习活动本身,对于体育教学来说,它能带给学生的这种情感只是众多学习活动中的一部分。如果说要对学生的情感予以丰富,只有快乐的情感显然是非常单一的。即便在体育教学中,单纯的快乐也是不存在的,它往往与其他情感融合在一起,快乐只是众多情感中的一种,如果学生能从中获得多种类型的情感,将是非常理想的情感体验。因此,体育教学目标的设定必须将这一情感内涵体现出来。

3. 强调体育能力的培养

在过往的体育教学中,无论是教学的目标还是内容都更加侧重于对学生进行某项运动技能的培养,而非常欠缺对学生一生更能产生深远影响的综合体育能力的培养。例如，在体育教学中见到的多是某项运动的技术战术等内容，而涉及如何科学进行体育运动、体育与健康等方面的教学内容则非常有限，就连决定学生体育学习方向的体育教学目标中也有对综合体育能力的目标设定。因而，在对体育课程进行深化改革中，就需要特别强调对学生科学健身能力的培养。然而需要注意的是，在这方面目标的制定上不要走向两个极端，即对学生的全面体育能力的培养与对学生的运动技能的培养之间并不矛盾。为了避免二者出现矛盾，在体育教学实践中应避免以下两种行为。

第一，大大增加体育与健康类理论的教学内容，一改体育教学理念为健康教育理念，使体育教学的实践性弱化。

第二，过多给予学生体育教学的自主权利，如对于体育学习的目标、内容和学习方式都由学生自己来选择。如此会让体育教学的科学性和严谨性大打折扣。

为了将体育教学目标制定得科学合理，其设立应重视三点改变，即由指导学生学会向指导学生会学转变，由注重技能指导向注重能力指导转变，由重视技能学习向重视情感态度转变。只有做到这三点，所指定的体育教学目标才是科学合理的，如此既能让学生掌握足够的运动技能，还能让其懂得如何科学健身，享受运动带给人的良好体验。

事实上，运动技能与体育能力是不可分割的，两者紧密联系，互为依托。没有良好的运动技能，其体育能力的发挥就没有抓手，那么体育能力也就不复存在。若没有良好的体育能力，即便掌握了较好的运动技能，也不能科学利用，实现较为长远的锻炼目标。因此，在这种情况下，对学生进行终身体育教育，培养学生体育锻炼的意识、技能与习惯就成为体育课程目标中最为关键的要素。这也是《全民健身计划纲要》中对学校体育课程提出的要求。不仅如此，在《体育与健康课程标准》中也对相关理念给予了特别说明，即认为体育知识技能是课程学习的主要内容。对体育能力的培养要与运动技能的传授紧密结合，如此就要求在体育课程教学目标的制定中不能将对体育能力的培养过于简单化、空洞化和笼统化。

4. 强调学生的个体差异

新型教育理念非常关注学生在教学活动中主体地位的体现，认为每名学生都有自己的特点,只有在承认个体差异的基础上进行教学,才能切实让每名学生受益。为了做到这点,新教学理念从以下两个方面体现学生个体差异的重要意义。一方面,体育课程教学目标的设定要能满足全体学生的集体发展需要;另一方面,体育课程教学目标的设定要重视学生的个体差异,对一些教学目标予以细化,使每名学生都可从中受益。

由于诸多原因的影响,学生之间总是存在个体差异,甚至某些差异还是巨大的,这是正常的情况,也永远是客观存在的事实。因此,正视这一事实,对学生的个体差异给予关注,做到因材施教,使每一名学生通过学习来进一步提高自我。

体育教师在制定体育课程目标时,应将教育的过程与成果置于同等地位。而体育教学目标所追求的,则是为社会培养优秀的全面型人才。

(六)体育教学目标的优化与发展

1.体育教学目标的优化策略

优化体育教学目标,需要从以下三个方面着手,采用的优化策略也各不相同。

(1)优化学校体育规章制度

从某种意义上来说,社会对学校体育课程的要求,既是学校体育课程改革的基础,同时也是学校体育改革的落脚点,是保证社会科学发展和推动学校体育课程实施效果的中间环节。

学校体育课程的实施,不仅需要教师与学生的参与,还需要一定的制度保障,即必要的体育规章制度。可以说,学校体育规章制度的完善程度,在一定程度上决定学校体育课程实施的顺利程度,也会对其最终的教学效果产生重要影响。从某种程度上来说,体育规章制度是学校体育教学环境的重要组成部分,加强对学校体育课程环境的优化,实现学生的全面发展,是优化教育实践、提高体育教学价值的基本途径。

(2)强化人才观念的全面性和科学性

对于学校体育教育实施、课程目标来说,人才培养目标是作为决定作用因素存在的,其在培养创新型、综合型人才方面所起的作用非常显著,因此,要做到两点:一方面,国家决策层面上,要做到加强提高素质教育决策能力和决策水平的力度;另一方面,学校、家长、社会也要做好树立全面人才观念的工作。另外,还需要强调的是,学校体育教学的规划、学校体育的培养目标,都要与体育教学标准相适应。

随着时代的不断发展,我国的学校体育教育制度、学校体育教学改革逐渐推进,新的学校体育教学改革也被提上日程,提出了以"健康第一"为实施素质教育的指导思想的要求,以提高学生身心素质、增强学生的创新意识和实践能力为出发点,对学生综合能力的发展起促进作用。但是,因为我国的升学考试机制、人才选拔机制、单位用人制度等存在差异,大部分学校仍将学生掌握知识的多少作为考试成绩的依据,使得学校体育教学的目标和过程,很难对学生能力的提升起到全面有效的促进作用。

(3)提高学校体育课程管理的水平

要想使学校体育教学的实施得以顺利进行,还要保证教学实施的效果,就必须加强对体育教学的管理,这是学校体育教学系统运转的重要保障。

一般来说,学校体育教学管理系统包含学校体育教学决策机构、体育教学实施机构、体育教学监督机构、体育教学的反馈机构等。其中,学校体育教学的决策机构,是在体育教学计划、体育教学标准的相关要求的指导下,制订学校体育教学的实施规划、培养目标、实施执行等,保证学校体育教学规划、学校体育教学的培养目标落实到个人,从而对学生的全面发展起到积极的促进作用。

2. 体育教学目标的发展要求

对于体育教学目标来说,其要获得进一步发展,要满足以下几个基本要求。

(1)要使社会对高素质人才的需求得到满足

随着社会的迅速发展,对高素质人才的需求量大大增加,这在各行各业中都有所体现,已经成为社会性问题。这里所说的高素质人才,就是拥有扎实的知识基础、优秀的创新力与执行力具备良好的道德品质的综合型人才。对于体育教学来说,这种高素质人才也是其需要的。因此,体育教师在制定和完善体育教学目标时,一定要将社会对人才的需求与教学目标进行有机结合,突出对学生能力以及素质的培养,通过科学、合理的体育教学目标的制订与完善,有针对性地促使学生德、智、体、美、劳全面发展,使其成为未来社会发展的中坚力量。

(2)培养学生终身体育意识,与素质教育相适应

随着社会经济发展,青少年的娱乐方式越来越多元化,越来越多的青少年学

生将娱乐聚焦在电子产品上,走出房间、走向户外的运动时间大大减少,这是青少年学生整体体质水平下降的一个重要原因。另外,传统的教学方法与目标对学生的兴趣与需求关注较少,教师更多的是对学生进行枯燥单一的体能训练,因此,很多学生对体育教学活动产生不同程度的抵触心理,在这种情况下,即便学生走向社会,其在体育运动方面的抵触心理仍然存在,这对于学生终身体育意识以及综合素质、身体健康都是非常不利的。因此,体育教师在制定和完善体育教学目标时,要将学生的兴趣爱好与之相融合,注重培养学生的兴趣与自主锻炼能力,为终身体育意识的形成打下良好的基础。

(3)要使青少年学生体育方面的需求得到满足

处于青少年时期的学生,是体育教学的主体,体育教学目标的制定与完善一定要与学生的身心发展特点相适应,并且将学生的学习兴趣激发出来,在此基础上制定和完善的体育教学目标的科学性和可行性才更加显著。

随着素质教育的不断推进与实施,学生对体育的需求也得到进一步拓展,不仅仅局限于升学分数和强身健体,体育教学活动逐渐成为学生休闲、娱乐以及同学之间交流的重要途径。因此,体育教师在制定和完善体育教学目标时,要在适当增加体育教学活动娱乐性、互动性等方面进行充分考量,从而使学生对体育活动多元化的需求得到较好满足。

(4)要将体育教学的功能最大限度地激发出来

体育教学本身所具有的功能是多元化的,如强身健体、娱乐、缓释压力等。素质教育在我国实施的时间还比较短,但是,其产生的作用和所具有的意义却非常重大。另外,家长大多对孩子寄予厚望,课余时间帮孩子安排各类辅导班,"善意"地剥夺了孩子本就不多的自由时间,因此,体育课就成了孩子们难得的放松及舒缓学习压力的机会。除此之外,体育教学的功能还表现为教育性、社会化等,需要强调的是,这些功能具有隐匿性特点,因此,需要通过合理的途径将这些功能高效挖掘出来。而体育教学目标的制定与发展就是有效途径之一,通过有目的地挖掘,可以将体育教学的多种功能充分激发出来。

(5)使体育成为学生释放压力的重要途径

对于学生来说,文化课的压力非常大,而体育课则成为学生舒缓压力的重要途径之一。这就需要体育教学目标的设计必须是科学的、合理的,否则,不仅无法使其舒缓压力的功能完全激发出来,还有可能起到相反的作用。因此,体育教师制定和完善体育教学目标时,要注重达成体育教学目标的过程是否具有足够的趣味性,能否激发学生的学习兴趣,使学生全身心投入体育教学活动中,从而在学习体育知识与技能的同时不知不觉释放压力。

3. 体育教学目标的发展与充实

体育教学目标目前发展较为理想,但是,随着体育教学目标的进一步完善,其也有更好的发展前景,尤其在健康方面,具体表现在以下几个方面。

(1)要将养生纳入体育教学目标中

当前社会发展迅速,人们的物质生活水平虽然得到了极大的改善和提高,但是随之而来的还有一些负面影响,如生活、工作压力变大,人们的心理负担加重,亚健康人群比例越来越大,现代疾病比例扩大等。尽管体育具有促进健康的作用,但是,仍存在非常大的局限性。

对于现代疾病,体育的预防和治疗作用在针对性上是比较欠缺的,其主要功能仍然体现在速度、力量、耐力、柔韧等身体素质的增强上,要想将其对现代疾病的预防和治疗功能挖掘出来,需要从养生方面入手。传统体育养生讲求心静、气和、阴阳平衡、体态自若,它追求健康长寿而不为强壮,感受对生命的敬畏,最终培养人习常性保持机体动态平衡意识,这一点与体育是有显著差别的。而体育养生是历经千百年的锤炼和无数先辈的心血打造出来的,它源于人民,也必将在人民的实际生活中发挥巨大作用。把传统体育养生文化全面融入体育教学目标中,不仅能使学校体育课的内容得到丰富和充实,还能使民族文化得到弘扬,对于普及全民健身理念,使学生更懂得科学保健都是非常有利的。

(2)要将饮食营养纳入体育教学目标中

"生命在于运动",这就将体育运动对人的生命和健康的重要性体现出来。通过体育锻炼,能够有效促进健康,而合理的饮食营养又有效保证了体育锻炼的顺利进行和良好效果。可以说,合理的饮食营养是人体生长发育的物质基础,体育锻炼则是增强人体技能的有效手段。由此可见,合理的饮食营养和体育锻炼之间是相辅相成的关系。

学校开设体育课程,这对于学生体质健康的增进是有帮助的,但只有这样是远远不够的,还要重视合理的饮食营养,这也是体育教学目标发展的一个重要方向,与现代社会发展潮流是相适应的。

(3)要将养成良好的生活习惯纳入体育教学目标中

当前,在政治、经济、科学技术发展的推动下,人们的生活水平大大提升,随之产生的还有各种现代疾病,较为突出的是肥胖症。体育活动是减肥健身的一个有效途径。

目前,在各大城市中,健身房成为人们健身运动的重要场所,其发展也具有广泛性特点,健身房中开设的项目越来越丰富,如健美操、形体训练、各种器械训练等,花钱练健美买健康已经成为社会潮流,体育已成为人们生活的一部分。良好的习惯对于身体健康有持续性意义。设想一下,如果从小养成良好的习惯,这些现代疾病的发生概率就会大大降低,因此,高校培养学生良好的体育运动习惯至关重要。而要做到这一点,体育教师需要强调学生亲自参加体育锻炼。培养学生对体育的兴趣和爱好,并养成体育锻炼的习惯,是体育教学成果的一个重要标志,而且在体育教学过程中,培养学生良好的锻炼习惯,对提高教学效果,促进学生身心健康发展有重要的意义。

第三章
新时代高校体育教学内容设置与优化

体育教学内容是体育教学的重要组成部分,在体育教学改革中,体育教学内容也是改革的重点之一。本章主要从体育教学内容基本理论、体育教学内容的层次与分类、体育教学内容的编排与选择以及高校生态体育的开发等方面,来对体育教学内容的革新与发展进行分析与研究。

第一节 体育教学内容基本理论

一、体育教学内容概述

体育教学内容是以体育教育任务和目的为前提,将各种身体练习、运动技能学习和教学比赛等进行加工后,以教学形态的方式在课堂上展现的内容的总称。它主要包括学生的身体练习和体育基本知识学习两大类。

(一)现代体育教学内容的产生

现代体育教学内容是近代以来逐步形成和发展起来的,而我国最早的体育教学内容可追溯到春秋战国时期,当时孔子兴私学,其教学内容"六艺"中的"射""御"就是体育教学的内容。在人类社会漫长的发展历史中,不同的文明都存在类似的体育教学内容的痕迹,而这些传统的体育教学内容对现代体育教学内容的发展产生了潜移默化的影响。因此,我们有必要对近代体育教学内容的来源进行探讨。

1. 体操与兵式体操

公元前 7 世纪时,古希腊就出现了指导青少年和市民参加竞技的职业,而在公元前 5 世纪时,体操化已经实际分为三类,分别为竞技体操、医疗体操和教育体操。在 18 世纪的欧洲,开始出现用于青少年教育和军事训练的"兵式体操",其是对原有体操项目的继承和发展。近现代学校体育教学中的体操类大部分都源于"兵式体操"。

2. 游戏和竞技运动

很多学者认为,游戏是原始体育教学的基本形式,原始人类各种生存技能的学习和掌握都是通过"游戏"的形式来实现的。早在近代学校出现之前,很多学校都有相应的游戏内容,随着市民体育的不断发展,一些"游戏"逐渐成为正规的竞技运动。随着资本主义制度在西方各国的先后确立以及工业革命的开展,竞技体育运动得到了迅速发展。现代竞技体育运动伴随着殖民扩张逐渐传播到世界各地,经教会学校的传播逐渐发展为各国体育教学的重要内容。

3. 武术与武道

在古代体育教学中,很多体育教学的内容是一些实用的军事性技能,如我国的"射""御"及欧洲的"射箭""剑术",这些内容构成了现代体育教学中"武术"和"武道"内容的基础。随着冷兵器时代的结束,这些内容逐渐失去了其作为军事手段的意义,并向健身和精神历练方面发展,且在很多国家的体育教学中占有一定的地位。

4. 舞蹈

舞蹈是各国民族文化中的重要组成部分,并且随着人类社会的发展而逐渐完善。舞蹈起源于人们的生产、日常生活、宗教祭祀等,是人类智慧的结晶。在近代学校中,很早就有了舞蹈的内容,一些韵律性体操类项目也随着瑞典体操的发展而逐渐兴起。在韵律体操的基础上,艺术体操、健美操等蓬勃发展。

(二)体育教学内容与一般教学内容和竞技体育训练内容之间的区别

1. 体育教学内容与一般学校教学内容的差异

体育教学内容的选择和加工需要以学校体育教学目标为基础,并且主要通过身体的运动来教学。其主要目的是提高学生的身体素质和运动能力等。体育教学内容和一般的学校教学内容的区别还是非常明显的。例如,语文、数学等一般教学内容,并不是以体育运动为主要知识媒介,其教学的形式并不是身体的运动,其目的也并不是促进学生运动技能的形成。

对于一些同样是在室外进行的学科,如军训、劳技等而言,由于它们的教学形式和内容同身体活动有密切关系,其中还伴有大肌肉群运动,有的主要目标也是技能形成,因此容易与体育教学内容相混淆。可是,我们通过认真分析可以发现它们之所以不属于体育教学的内容,主要是因为它们有的不是以形成运动技能为培养目标,或者不是在体育教学环境下进行的活动。

2. 体育教学的内容与竞技体育训练内容的差异

体育教学的内容与竞技训练的内容存在一定的差异性。竞技体育训练主要是为了促进运动员竞技水平的提高,它是以竞技运动为手段来达到娱乐和竞赛的目的。现代体育教学的内容主要是以学校体育需要和学生的体育需求为依据,目的在于促进学生的全面发展。

在奥林匹克竞技运动训练中,其各种训练内容的主要目的是在比赛中取得胜利,它不需要按照一定的教学目标和任务对其内容做适应性调整,没有必要从教学的角度做出改造。以作为教育内容的篮球运动为例,体育教师需要对学校的阶段教学目标进行充分考虑,并根据学生心理和生理的发展特点,弄清学校篮球运动场地器材的实际情况,在合理安排教学课时和教学计划的情况下进行。

在现代教学中,体育教学的内容是教学内容的重要组成部分。体育教学内容具有独特的性质,在教育内容中占有重要地位,其加工和选择具有鲜明的个性。

二、体育教学内容的主要特征

(一)教育性和健身性

1. 教育性

体育教学内容可以作为一种教育媒介,对受教育者进行相关的教育活动。因此,在人们决定将这些身体活动选为体育教育内容之前,首先就会对其本身是否具有教育性进行考虑。在体育教学内容中,其教育性可以通过五个方面进行充分的体现:对受教育者身心发展的帮助,对落后危害活动的摒弃,活动过程中的冒险性和安全性共存,广泛的适应性,避免过于功利性。

2. 健身性

体育教学内容的学习过程,实际上也是学生从事身体练习的过程。在这一过程中,学生必然承受一定的运功负荷,这为增强体能、增进健康提供了可能性。合理安排身体练习的负荷,对增进健康有促进作用。

(二)系统性和娱乐性

1. 系统性

体育教学内容的系统性主要表现在以下两个方面。

第一,体育教学内容本身所具有的系统性,即由于体育运动中所存在的内在的规律使得项目与项目、技术与技术、内容与内容之间存在一定的联系和制约因素,从而进一步形成了体育教学内容内在的结构。在编写学校体育教材时,这一内在的结构能够提供很好的理论依据。

第二,根据学校的教育目标、教学条件和教学环境以及各个年龄阶段学生不同的生长发育特点,对体育教学内容中存在的规律性特点有所认识,并对各个学校、各个年级的教学内容进行系统的、逻辑的安排,同时还要处理好它们之间的相互关系。这些方面综合体现了体育教学内容的系统性。

2. 娱乐性

体育运动项目是体育教学内容的重要来源,而大多数体育运动项目都是从各种各样的游戏中发展与演变而来的。娱乐性和趣味性是运动性游戏的主要特征。学生在进行运动学习、训练与竞赛的过程中会经历合作与竞争,体验成功与失败,这会对学生的情绪和情感产生深远影响。

(三)实践性和开放性

1. 实践性

体育教学内容中最为突出的特征就是运动的实践性。因为在体育教学内容中,绝大部分是以身体练习的形式进行的。在体育教学内容实施过程中,始终是与体育实践活动紧密联系的,学生只有通过实践,从事这些以大肌肉群运动为特点的活动,才能对所学内容真正地理解。如果学生仅仅是通过语言的传递,光靠看、想、听将很难达到体育教学内容所要求的水平。当然对于许多教学知识和道德培养的内容,也会存在于体育教学内容中,但这些知识的学习和道德的培养,也都需要在运动实践中进行充分的理解和记忆才能被学生真正掌握。这一点与其他学科的教育内容形成了鲜明的对比。

2. 开放性

集体活动是现代体育教学中进行运动学习和比赛的主要内容活动形式,而运动是通过改变位置来实现的,并且人的交流与交往在运动学习、训练和比赛中非常频繁,所以与其他教育教学内容相比,人际交流的开放性在体育教学内容中表现得更为明显。正式将这种人际交流的开放性作为基础,体育教学内容就构成了培养学生竞争、协同、集体精神的独特功能,使教师与学生、学生与学生在学习体育教学内容的过程中关系变得更加开放、密切,通过分组形式进行组织的教学内容使小组内有了更加明确的分工。与其他学科的学习相比,在体育学习中各种角色有更多变化。

(四)非阶梯性和空间约定性

1. 非阶梯性

相比于一些一般学科知识内容,体育教学内容还有一个较为突出的特点,即它没有那种由简到繁、由易到难的、较为清晰的阶梯性结构,也没有较为明显的由基础到进阶的逻辑结构体系。体育教学内容更多的是由众多相互平行的竞技运动项目和身体练习而组成,并且还包括较多的理论知识素材,为体育教学内容的选择增加了难度。

2. 空间约定性

体育教学内容还有一个"空间约定性"的特点。其成因在于大多数运动都是在固定的场地上进行,有的甚至是以场地来命名,如"沙滩排球""田径""郊游"等。换句话说,如果不受特定空间的束缚与制约,这些内容就会发生质的变化,甚至一些内容本身就不存在。而由于体育教学内容的空间制约性,使其对场地器材具有很大的依赖性,而且使场地、器材、规则本身也成为体育教学内容的重要组成部分。

三、体育教学内容的构成

在各年级的课程中都会有一定的体育类课程，其教学内容丰富多彩。随着经济社会的发展，人们越发重视体育对于身心健康的作用，所以体育课程在未来将发挥越来越重要的作用，对体育教学内容的构成展开研究对于实现体育教学目标以及满足社会发展需求具有积极的意义。

(一) 基本教学内容

1. 体育、保健基本原理与知识

学生通过学习体育基础知识和基本原理来对体育有更为深刻的理解，这样对学生未来的生活和工作、对国家和人类社会都有非常重要的意义，使学生能够更好地、更自觉地、理性地进行身体锻炼，运动实践更加科学和合理；此外，学生通过学习卫生与保健知识，对身体健康所需要的环境和健康的重要性形成全面的认识，并掌握一些基本的保健方法和手段，从而更自觉地爱护环境、保持健康。此类教学内容要力争与学生现实生活中可能遇到的实际问题保持密切联系，在这类内容的选择上要切忌支离破碎、简单无逻辑地罗列知识，而是要紧跟当前社会发展潮流，精选针对学生有重要意义的体育、保健原理来组织教学内容，并考虑结合运动实践部分的内容来组织教学内容。

2. 球类运动

球类运动主要包括足球、篮球、排球、乒乓球、羽毛球、橄榄球、网球等。学生通过对球类运动教学内容的学习，能够认识和理解球类运动的基本情况和球类比赛的共性特征，并掌握一两项球类运动的基本技术和运用战术的技能，并具备参加球类比赛的运动能力以及组织比赛和参与裁判工作的知识和技能。此类教学内容中的技术战术通常较为复杂，每种技术或战术之间相互依存、互相制约。因此，若要筛选出适合教学的内容显得比较困难。如果只对单一技术进行教学，那么就失去了球类运动的本质，不能进行顺畅的比赛和应用，也会导致学生对球类运动失去兴趣，最终不能使单个技术得到运用和提高。若想整体详细讲解和介绍又需要较长时间，比如有些球类运动要达成一定的教学目标，至少需要一学年甚至更长时间。因此，如果计划开展此类项目，则应通盘考虑，注意把技术教学、战术教学与比赛教学相结合。

3. 田径

田径运动与人的走、跑、跳、投等基本活动能力有内在关系，所以被誉为"运动之母"。学生通过此项教学内容能够了解田径运动，理解田径运动在锻炼身体中的意义，使学生明白跑、跳、投等的基本原理和特征，掌握一些基础性、实用性较强的田径运动技能，学会用田径运动来发展体能的方法和注意事项，掌握一些基础的田径裁判和组织比赛的技能。田径教学内容既与田径运动技能有直接联系，同时还与人克服障碍、进行竞争的心理要求有内在联系。因此，应从文化、竞技、运动、心理体验以及发展体能作用等方面全面地理解、分析教学内容并组织教学。

4. 体操

体操运动包括技巧、支撑跳跃、单杠和双杠等。它是发展人的力量性、协调性、灵活性、平衡性等能力最有效的运动。体操的历史较为悠久，自人类进入文明时代以来，体操就一直伴随着人类的发展，它还与人克服各种外界物体的心理欲求有联系。通过此项教学内容，学生可以了解体操运动文化的概貌，了解体操运动对人体的锻炼价值和作用，懂得基本的体操原理和特征，掌握一些典型的、实用性较强的体操技能并学会用体操的动作来进行身体锻炼，熟悉娱乐、竞赛的方法及注意事项，能运用保护与帮助的手法安全地开展体操运动。

体育教师对体操教学内容进行分析时应主要考虑它的竞技、心理、生理等方面。在教学过程中要注意循序渐进的原则，逐步逐量地加大动作难度、幅度以及改变动作连接等方式提高教学难度，使学生的技能得到切实提高。

5. 民族传统体育

民族传统体育包括有武术、导引、气功等。通过此项内容的学习学生可对中国优秀、丰富的民族传统体育情况有所了解，并掌握用其来健身、自卫的方法。体育教学民族传统还要使学生在学习技能的同时理解中国的"武德"精神，讲究武术中的礼貌举止，并与爱国精神、民族自尊心的培养相结合，教会学生基本功和一些主要动作。

民族传统体育教学需要较长的教学时间，同时还要兼顾教学的实效性。对于普通学生而言，鉴于民族传统体育往往需要较强的基本功，而这种基本功不是一朝一夕能够习成的，因而，这种教学内容的重点不应只放在要求学生在学习过后能够完美地展示练习成果,而是要根据学生的心理特点强调教学内容的文化性、实用性、范例性,特别加强对这些教学内容文化背景和意义的介绍以及武术教学过程的比较。

6. 韵律运动

韵律运动包括健美运动、民间舞蹈、健美操、体育舞蹈、韵律操、艺术体操等内容。通过学习,学生能够对各个运动项目的基本特征有大概的了解和掌握,并了解一些关于开展这项运动的基本规律和基本原则,同时掌握一些套路动作和较为基本的健美运动技能;此外,学生还能够掌握对一些运动动作和套路进行创编的能力。通过此类运动项目的学习,学生还可以对身体形态进行改善,并培养学生的身体节奏感和身体表现力。

韵律运动在组织教学内容时,应从审美观培养、舞蹈音乐理论介绍、感情表达能力培养和健身效果等多方面来考虑。以往此类教学内容过多地考虑了动作练习的教学以及重视练习中的不断上量等,而对于向学生传授一些基本原则并让学生尝试自编的要求较弱,今后应予以加强。

(二)任选教学内容

我国幅员辽阔、民族众多,在这种环境下,各地区或各民族的体育文化在不断演进中都具有各自的特点。这部分内容是为了适应各地的不同教学条件和为丰富体育教学内容而设置的,通过这一部分内容的学习学生可以掌握一些与本地区文化背景有关、有地方特色的、地区社会所需要的体育知识和技能。

由于体育教学大纲中对于一些教学体育项目没有详尽的安排和指导,相关人员在选择任选课教学内容时,要有较为明确的要求和标准,使其达到最佳的组合和效果。这部分内容要符合选用的基本要求,注意其文化性、实用性和特色性。

四、体育教学内容的未来发展探讨

随着时代的发展,体育教学内容也呈现出不同的特点。在我国体育教学改革的逐步推进下,体育教学内容将呈现出以下发展趋势。

(一)体育教学内容更加注重学生的全面发展

在传统体育教学中,体育教学的内容只注重学生身体素质的发展,带有一定的片面性。在体育教学内容的未来发展过程中,其由只重视身体素质发展逐渐转变为重视学生身体素质、心理素质和社会适应能力的全面发展。在教育思想、方针政策、体育目标、体育功能的影响和制约下,选择体育教学内容的范围也受到了很大的限制,这使得体育课曾一度成为以提高学生身体素质为主要目标的达标课。随着素质教育在我国大力实行和推广,体育教学内容的选择需要与素质教育的具体要求相符合,从而使学生的心理素质、身体素质以及社会适应能力得到全面发展,将学生培养为全面发展的社会需要的人才。

(二)体育教学内容更加注重学生终身体育意识的形成

终身体育的教学思想是现代体育教学的重要指导思想,而在这种教学思想的影响下,体育教学内容将更加注重学生终身体育的教育目标。终身体育已成为当今世界体育发展的一大趋势,要想实现这一目标就需要使学生学习和掌握参与终身体育所需的知识、态度和技能。因此,在未来的体育教学发展中,运动文化的娱乐性与传递性、教材的健身性之间的关系将被协调整合起来,一些具有健身价值、终身运动性质的体育运动项目将被作为体育教学的内容。

(三)由规定性向选择性以及不同学段逐级分化

以往的体育教学大纲在对体育教学内容进行确定时,总是试图在具有极强综合性的体育学科中来寻找运动项目之间的逻辑关系,并将所选择的体育教学内容按照一定的逻辑关系使之体系化,但体育教学内容因缺乏相应的逻辑性而给教材的制定造成了一定的困难。将来的体育教学大纲在对体育教学内容进行选择时,将会非常重视遵循体育学科自身的内在规律,重视将具有娱乐性、健身性、时代性的体育素材,以及学生喜闻乐见的体育素材纳入体育课程中,并且不同学段的教学内容和要求也有一定的区别,此外,"选择制教学"将获得进一步发展。

(四)从教师价值主体逐步转向学生价值主体

社会及学校教育的发展水平、教师与学生的价值观念都会对体育教学内容的选择与确定产生一定的制约作用。在传统的体育教学大纲中,选择与确定的体育教学内容主要是将体育教师对体育教学内容的价值取向体现出来,围绕教师的"教"来进行体育教学内容的选择。随着现代体育教学改革的不断深入,体育教学内容的选择与确定主要是从学生的实际需要出发,更多地将学生的价值取向体现出来,即教学内容的选择应服务于学生的"学"。

(五)体育教学内容对新体育项目的吸收

随着现代社会的快速发展以及大众体育的蓬勃发展,一些新兴的体育运动项目和娱乐性体育运动项目不断涌现。体育教学内容开始逐步吸收一些民族传统体育项目和一些新型的娱乐体育项目。青少年更加喜欢追逐潮流、追求时尚,也喜欢那些新兴的、娱乐性强的体育运动项目。因此,体育教学内容应革新以往传统体育教材统治的局面,应注重对一些新兴、时尚的特色运动项目进行吸收,将其作为体育的教学内容。此外,未来体育教学内容的开发可以重点考虑我国各民族传统体育项目,这些具有民族特色和健身价值的体育项目是体育教学内容的良好素材。

第二节 体育教学内容的层次与分类

一、体育教学内容的层次

体育教学内容丰富多样,具有一定的复杂性。为了更好地对其展开研究,并掌握其主次,有必要对其进行一定的层次划分。下面从宏观和微观两个层次对其进行分析。

(一)宏观分析

从宏观层面来看,体育教学内容主要包括三个层次,分别为上位层次、中位层次和下位层次。上位层次是指国家课程和教学内容,中位层次是指地方课程和教学内容,下位层次是指学校课程和教学内容。

1. 上位层次

在体育教学中,上位层次的教学内容主要是由国家教育行政部门规定的各种教学内容,国家对教学方法进行的行政规划和管理,体现国家的意志,各个学校都必须以之为依据展开教学活动。

上位层次教学课程和教学内容的开发具有一定的专门性,一般由教育方面的专家学者根据我国的具体实际来进行选择和设计。上位层次体育教学内容的主要目的在于使公民在接受基础教育之后实现共同体育素质。国家在开发和选择这些课程和教学内容时是非常严格的，需要根据不同阶段的教育性质和培养目标来进行。在基础体育教学中，课程的框架和大纲都是处于上位层次的体育教学内容的范畴内。国家体育教学内容与地方体育教学内容相比，其范围更广阔，对基础教育的体育教学质量起决定性作用。

2. 中位层次

中位层次的体育教学内容是地方课程和教学内容，它是由当地体育教学的行政部门以当地的经济、政治和文化等各方面为依据，并在上位层次的体育教学内容的指导下进行的选择设计。其开发者大多为省一级的教育行政部门或授权的教育部门。地方体育教学课程和教学内容能够更好地适应当地体育发展的需要，适应当地体育发展现状。其能够更加高效地利用当地体育和教育资源，因此具有重要的价值。

3. 下位层次

下位层次即某一学校的具体体育教学内容，它是学校教师以国家体育教学课程和地方体育教学课程为依据而选择和设计的，具有多样性特点。体育教师在学校体育教学思想的指导下，对学校的学生特点及其需求进行分析和评估，并对学校和学校附近的体育教学资源进行充分考量，在此基础上进行体育教学内容的选择和设计。在选择和设计体育教学内容时，应注重学校、教师和学生的差异性，充分满足师生的体育教学需求。

上位层次、中位层次和下位层次这三方面体育教学内容共同构成了我国的基础体育教学的内容体系，它需要国家教育部门、地方教育部门以及学校三方的协调努力，这样才能促进体育教学内容的科学化发展。

国家、地方、学校各自承担的职责有所侧重，其范围和比重也就不同。

(二) 微观分析

从微观层面来看，体育教学主要包括四个层次，具体分析如下。

1. 第一层次

学校体育课程标准所示的学习内容是体育教学内容的第一层次。在课程标准中，规定了五个层次的学习领域，分别为：运动参与、运动技能、身体健康、心理健康、社会适应。这是通过分析活动领域来表述的，它不是通常意义上的体育教学内容。

2. 第二层次

体育教学内容的第二层次是课程标准所示的水平目标，如获得运动的基础知识，说出所做简单运动动作的术语（转头、侧平举、体侧屈、踢腿等）。这也不是通常意义上的学校体育教学内容，它是第一层次所表现出来的具体化形式，是能力目标分析。

3. 第三层次

体育教学内容的第三层次是教学中具体运用的硬件与软件，也就是我们通常所说的"教具"，如篮球、排球、体操等以及有关的场地器材。这些都是学校体育教学内容第三层次的代表，也就是通常意义上的学校体育教学内容。

4. 第四层次

体育教学内容的第四层次是指具体的练习方法和手段，也就是某项教学内容（如篮球）的下位教学内容。例如，练习教学内容（篮球运动的各种练习方法）、游戏教学内容（与篮球运动关系密切的游戏）、认知教学内容（与篮球运动关系密切的知识）等都是第四层次的代表。

二、体育教学内容的分类

体育教学内容可以根据不同的依据和标准来进行不同的分类，具体如下。

（一）按身体运动技能分类

体育教学以及体育运动的参与者都是人，因此，从根本的角度来说，这种分类方式是基础性的，也是最为常见的。

以身体运动的各项技能为标准，来对体育教学内容进行分类，这样分类有一个显著优势，就是运动项目不会对类型划分产生影响，且在教材的组合运用上较为便利，因此，这种分类方法常用于学校低年级体育教学内容的划分上。同时，这一分类方法对于学生在教学中各种动作技能的发挥和运动能力的提升也是有利的。

不过，这种分类方法并不是完美的，也存在着一定的缺点，主要体现在因其与具体的运动项之前并没紧密贴合，出现了相互脱离的现象，这就不利于某一运动项目的专业培养，针对性和独特性较为欠缺，也无法使年级较高的学生对竞技体育的追求得到较好的满足（图 3-1）。

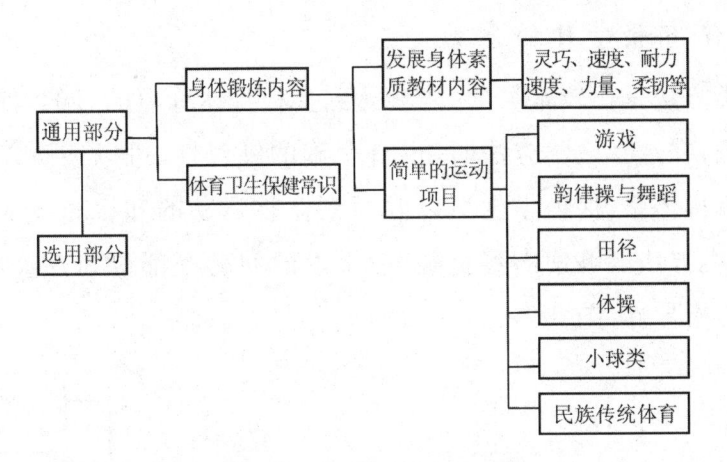

图 3-1　按身体运动技能分类

（二）按体育运动项目分类

体育教学内容,就是由各种各样的体育运动项目构成的,因此,这种分类方法也是非常常见的,通常会按照运动比赛的名称和内容进行分类(表 3-1)。这种分类方法存在的优势在于,能够将体育教学的目的明确下来,即发展和提升学生的身体素质。但同时,这种分类方法仍有缺点,即容易否定一些中间性的项目和一些没有正式比赛或比赛不规范的体育项目。体育教学内容中包含的体育运动项目,绝大部分具有竞技性特点,会通过比赛的形式来进行训练,并以此来考察训练效果,对规则、技能等有较高的要求,这就需要对这方面的教学内容进行大幅度的改动,而这样做又会导致改动后的体育教学内容的差异较大,甚至变得似是而非,对于教学的正常开展是不利的,学生学习的科学性也较为欠缺。因此,在采用这一分类方法时,要对此加以考虑。

表 3-1　根据运动项目进行分类的体育教学内容

根据运动项目进行分类	
田径	跳高、短跑跨栏
体操	鞍马跳马、双杠、单杠
发展身体素质练习	力量素质、速度素质、耐力素质、灵敏素质、柔韧素质
球类	篮球、足球、排球
韵律体操和舞蹈	体育舞蹈
民族传统体育	秋千、毽球

（三）按体育教学目的分类

这种分类方法是比较常见的，能够达到多种身体练习的目的，使教学内容的目的更加明确，在选择教学方法时，也有明确的针对性，可以突破以竞赛为目的的教学内容编排体系，保证学生可以学习到竞技运动的知识和技能。需要注意的是，这种分类方法能够使内容重叠、逻辑上的问题等都得到有效避免，还可以提高对教学的指导性（图 3-2）。

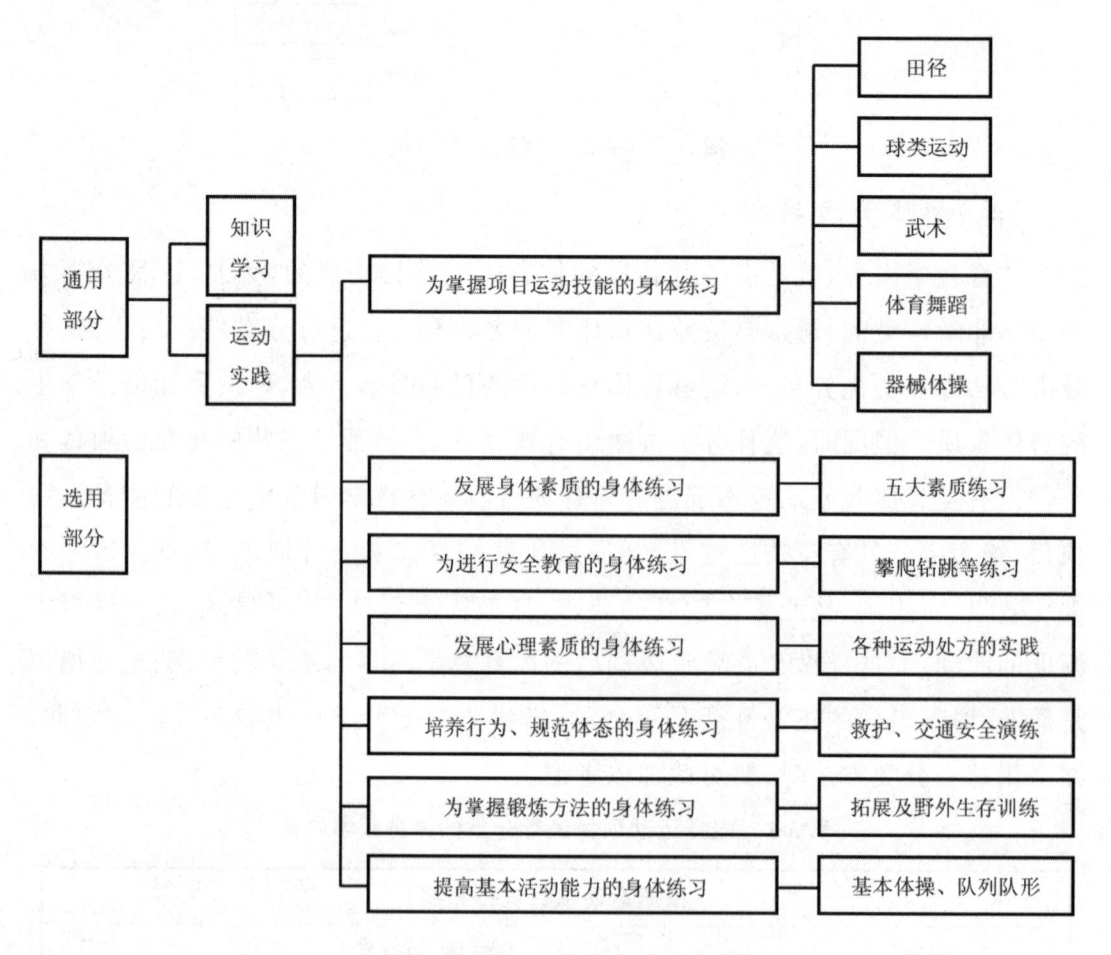

```
通用部分 ─┬─ 知识学习
          └─ 运动实践 ─── 为掌握项目运动技能的身体练习 ─┬─ 田径
                                                      ├─ 球类运动
                                                      ├─ 武术
                                                      ├─ 体育舞蹈
                                                      └─ 器械体操

选用部分 ─┬─ 发展身体素质的身体练习 ─── 五大素质练习
          ├─ 为进行安全教育的身体练习 ─── 攀爬钻跳等练习
          ├─ 发展心理素质的身体练习 ─── 各种运动处方的实践
          ├─ 培养行为、规范体态的身体练习 ─── 救护、交通安全演练
          ├─ 为掌握锻炼方法的身体练习 ─── 拓展及野外生存训练
          └─ 提高基本活动能力的身体练习 ─── 基本体操、队列队形
```

图 3-2　按体育教学目的分类

（四）按个人体育能力分类

这种分类方法是以现代课程改革的基本理念为依据，以学校体育学科课程目标定位为基础而提出来的。按照这一分类方法，体育教学内容被分为基础类技术内容、提高类技术内容以及拓展类技术内容三种类型（图 3-3）。

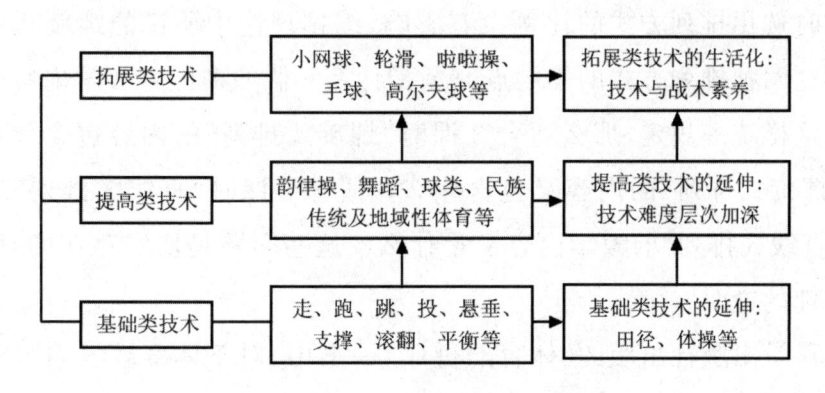

图 3-3　按个人体育能力分类

第三节　体育教学内容的编排与选择

一、体育教学内容的编排

体育教学内容的主要编排方式包括直线式排列和螺旋式排列，同时还包括以上两者综合在一起而得到的混合型排列方式。在历次的教学大纲中，关于直线式排列和螺旋式排列所能运用的教学内容，往往只是模糊地说明螺旋式排列适用于一些对锻炼身体作用大的教材，而对于适合直线式排列的体育教学内容却丝毫没有提及。因此，与体育教学内容编排的理论相关的研究仍存在以下几个问题。

首先，并不只有对锻炼身体作用大的教材才适合用螺旋式排列的编排方式。这是由于一些教学内容兼具难度和深度，并且总是要求学生熟练掌握运动技能，对于这些教学内容来说螺旋式排列方式是更加适合的。

其次，对于适用直线式排列的教学内容没有明确。迄今为止，所有体育教学大纲都缺乏对这一问题的详细说明，提及最多的地方仅仅是说体育卫生相关知识的编排适合用直线式排列来进行。所以，适用直线式排列的编排方式的体育教学内容，成为在体育教学内容编排理论中的一大盲区。

最后，对直线式排列和螺旋式排列中单元的区别缺乏明确的说明。例如，每学期 3 课时"螺旋式排列"、一次 3 课时"直线式排列"和一次 30 课时"直线式排列"的教学内容，对于教学计划的安排以及产生的教学效果一定是非常不同的。

假如编排时选用排列方式的比例没有影响,编排理论中所说的螺旋式排列和直线式排列这两种排列方式的不同点究竟是什么?假如在体育教学内容的编排中并不存在这样统一规定,那么适合 3 课时"螺旋式排列"的内容包含什么?适合 30 课时"螺旋式排列"的内容又包含什么?适合 3 课时"直线式排列"或者适合 30 课时"直线式排列"的教学内容又是什么?这些问题是切实存在的,因此必须有一个合理的说明。

教育科学出版社出版的《体育与健康》一书中,对于体育教学内容的编排提出了以下理论。

体育教学内容的编排中存在循环周期的现象。这种循环周期现象是指,在同一教学内容中,不同的学段、学年等范围进行重复安排。这种循环的周期有的是课,有的是单元,有的是学期,有的是学年,甚至有的是在某一个学段中。以跑步为例,一节体育课上要进行 100 米跑,下一次课中仍要进行 100 米跑就是以课为周期的循环。在一个学期内安排 100 米跑,在下一个学期内的课程上仍要安排 100 米跑就是以单元和学期为周期的循环,以此类推。因此,根据以上理论,我国体育教学学者根据不同的内容性质而将体育教学内容的编排分为四个层面:一是"精学类"教学内容——充实螺旋式,二是"粗学类"教学内容——充实直线式,三是"介绍类"教学内容——单薄直线式,四是"锻炼类"教学内容——单薄螺旋式。

以上编排方式很好地满足了新课程标准中对体育教学内容的要求,并根据体育教学内容中的自身理论,结合当前体育教学内容中的各种情况现状,创新地将各个方面的内容合理编排在体育教学中,所以在未来很长一段时间内,这种编排方式都是非常实用的。

二、体育教学内容的选择

体育教学内容这一因素在体育教学中非常重要,体育教学内容对整个体育教学活动的过程产生重大影响。体育教学内容同时还将教师与学生联结在一起,促进学生和教师之间的信息交流。体育教学对于体育教学方法和教学手段通常起着制约作用,这有助于体育教学目标与课程目标的实现。为了适应时代的需求,体育教学内容的选择必须符合一定的依据,遵循一定的原则。

(一)体育教学内容选择的依据

1. 体育课程目标

体育课程内容在实现体育课程目标过程中,是作为手段不是目的存在的。体育课程目标具有多元性特征,体育运动项目和身体练习也具备可替代性特征,这都使体育教学内容的选择具有多样性。所以选择体育教学内容时必须有标准可依。

体育课程的目标是对教学内容选择的重要依据,这是由于体育课程目标在体育课程编制过程中、在每一个阶段内都作为教学内容的先导和方向,经过多方专家的合理思考与验证。因此,高校进行体育教学时,目标是必须遵循的,体育课程目标对应着体育课程内容。

2. 学生的需要及身心发展规律

选择体育教学内容时,学生的需要是必须考虑的。体育教学以促进学生身心发展为目的,所以对体育教学内容进行选择的一个必要因素就是学生对于体育的需要和兴趣,这对于有效的学习是非常重要的。学习需要学生的主动参与,而主动参与意味着学生自身积极和努力是必不可少的。通常而言,学生如果面对的是感兴趣的事情,那么其参与的动力就会大大增加,学习效率也将倍增。这非常符合一些教学学者所提出的观点;如果学生学习是被迫的而不是出于兴趣,那么学习从某种意义上来讲是无效的。调查结果也非常符合这一说法,那就是如今大学生虽然非常喜欢参与课外体育课程,但对于体育课却兴味索然,这其中最重要的因素就是教学内容缺乏趣味性。

学生对教学内容的接受程度取决于其身心发展规律以及特点,因此从这个角度来说,体育教学内容必须使学生可以接受并且感兴趣。在进行体育教学内容选择时,由于学生的特点决定教学内容中的各项要素,高校不能忽略学生的实际情况。

3. 社会发展的需要

学生的个体发展无法脱离社会的发展,而体育教学能够在健康方面为学生打下良好的基础,所以在进行体育教学内容选择时,除了考虑学生本身的需求外,社会现实发展的需求也必须考虑进去。体育内容在选择方面不能忽视学生走入社会后发展所必需的体育素质,且其选择要与社会实际相符。除此之外,体育教学内容必须与社会生活和学生生活联系在一起,这样才能让学生体会到它的作用,使其功能得以实现。

4. 体育教学素材的特性

在进行体育教学内容选择时,一个重要的要素就是体育教学素材,而它最大的特性就是没有非常强的内在逻辑关系性,这种特性使得体育教学内容无法完全按照难易程度和学生素质来选择。体育教学内容只是以运动项目来划分,但各个教材内容之间的关系是平行和并列的,比如篮球和足球、体操和武术。从表面上看似有联系,但这种联系并非表现得非常清晰,而且并没有先后顺序,通过一项运动无法判断其是否能够作为另一项的基础。也就是说,教学内容内部的规定性和顺序性是无法确定的。

体育教学素材的另一个特性是具有一项多能和多项一能的特点。所谓"一项多能",就是指通过一个运动项目,能够实现多个体育目的,也就是说,在这个项目中有目标多指向性的特点。以健美操为例,有人利用这个项目来锻炼身体,有人利用这个项目来娱乐,同时这个项目还有表演的作用。"多项一能"则突出了体育教学内容之间的相互可替代性。比如从事投掷练习,可以扔沙袋,可以投小垒球,也可以推实心球或铅球。想通过体育运动得到娱乐放松,可以踢足球,可以打排球或者打篮球、打网球等。这就是说,想达到目的并非只能通过一个项目,不同的项目同样能够达到目的。正是由于这个特性的存在,使在体育教学内容中没有不可或缺的项目,也即体育教学内容并不具备强烈的规定性。

体育教学素材的第三个特性就是它数量庞大。庞大的数量使其内容相当庞杂,并且在归类上存在一定的难度。自人类文明诞生以来,创造出的体育运动项目数不胜数,丰富多彩,并且每一个运动技能对于练习者的身体素质都有各种各样的要求。可以说,没有哪名体育教师能够精通全部的体育项目,基于这个原因,体育教师的培养才要求一专多能。而体育课程的设计者也很难寻找到最合理的运动组合运用于体育教学内容中,同时也几乎不可能编写出适合所有地区和教学条件的教材。

体育教学素材的第四个特性是在每个运动项目中,其乐趣的关注点都是各不相同的。以篮球和足球为例,其乐趣就是在激烈的直接对抗中,通过娴熟的技术和精妙的战术配合而得分。再如,在隔网类运动项目中,其乐趣则是双方队员在各自的场地中通过巧妙的配合,将球击到对方场地而得分。体育运动项目都有各自乐趣的特性使得在体育教学内容的选择上乐趣是无法忽略的内容,这是快乐体育理论存在的事实依据,这也是这一理论在体育改革进程中发挥关键作用的原因。

(二)体育教学内容选择的原则

1. 教育性原则

进行体育教学内容选择时候,首先应从教育的基本观点对体育教学素材进行选择,分析其是否与教育的原则相符,是否与社会的价值观同步。要明确分析它是否有利于学生的身心发展和身体健康。

体育课程内容的选择必须与体育课程的主要目标相匹配,确立"健康第一"的指导思想,并以此为体育教学内容中最基本的出发点,同时看重其中的文化内涵,使学生在学习体育技能的同时深刻体会体育文化修养带来的益处。学校在对学生进行体育课程教学时首先应考虑对学生的品德、智力、体质等方面的全面发展是否有利,将理论与实际结合起来,在使学生了解人体科学知识的同时真正锻炼身体,还要在思想文化等方面下功夫,使其在两方面同时发展。由于学生的个体差异与不同需求,体育教学内容的选择要充分考虑到不同学段学生的发展特点和规律,以确保每一名学生受益。另外,在进行体育教学内容选择时,还要符合各个方面的实际来确保选择有足够的空间和灵活性。

2. 科学性原则

进行体育教学内容选择时,健身性和兴趣性不可忽视,但这并不能否定科学性在体育教学内容选择中的重要地位。体育教学内容选择中的科学性有以下三层含义。

第一,教学内容的选择必须有利于学生身心的协调发展。要注意的是,一些内容虽然有利于学生身体健康,但却不利于学生的心理健康,反之亦然。因此,教学内容的选择必须使学生在开心的体育活动中促进身体发展。

第二,教学内容要使得学生能够从根本上对科学锻炼的原理和方法有深入的了解,这种了解可以提高学生体育锻炼的自觉性和积极性。

第三,教学内容本身的科学性。国家对体育教学内容的选择不做具体的规定,因此必须防止一些科学性不够强的体育项目作为教学内容进入课堂。

3. 实效性原则

在未来,体育课程将会成为一门以身体活动为主要手段来增强学生健康的课程。可以从另一个层面理解,那就是所有对学生健康有利的教学内容都是教学内容选择的良好范围,这种形式在以后使得体育教学内容的涵盖更加丰富。

实效性就是判断某项体育教学素材是否实用、是否简便易行、是否有助于学生的身心健康。国家相关文件在教学内容的改革方面特别强调要对教学内容中的"难、繁、偏、旧"以及教学过程中过度偏重书本知识的现状予以改变,在教学内容中,要求加强学生生活和现代社会及科技发展的联系,对学生的学习兴趣加大关注;要求教学内容中的知识和技能要有利于学生终身体育的进行。所以,体育教学内容要选择与学生自身的体育学习兴趣和经验相接近的以及大众喜欢的、社会上比较普及的项目,同时强调运动项目的健身娱乐效果,奠定学生终身体育的发展基础。

4. 趣味性原则

兴趣是一个人学习的最好老师,因此在体育教学内容选择时,根据学生的各方面特征尽量选择他们感兴趣的、有趣味的并且在社会上比较流行的体育素材作为教学内容。毫无疑问,大多数竞技运动项目的健身价值和教育价值是不可低估的,但是,长期以来,体育教育工作者更加关注竞技运动项目教学的系统性和完整性,用培养运动员的方法开展体育教学,结果导致很多学生开始厌恶体育课。

5. 民族性与世界性相结合的原则

体育课程内容的选择要在保留我国民族传统体育中的精华部分的同时,对国外好的课程内容选择的设置加以借鉴吸收。不能对自己民族的东西盲目自信,但也不能有崇洋媚外的思想。体育教学内容的选择应该与时俱进,体现当今时代中国的特色。

(三)体育教学内容选择的过程

1. 认真审视体育素材

在关注社会时,体育教学内容的选择要从社会的生产生活、教育、科学等发展的实际出发,充分考虑社会发展对人的要求和影响,尤其是对人类健康的要求和影响,并以此为基点,分析和评价现有的体育素材。现有体育素材的分析和评估主要涉及这些内容是否对学生进行锻炼、增进健康以及培养良好的思想品质有利。在这一过程中,还要注意剔除与教育要求不相符,也不利于学生身心健康的素材。

2. 充分整合体育运动

不同的体育运动项目和身体锻炼形式,会对学生的身心产生不一样的作用和影响。因此,在选择体育教学内容时,在以学校体育教学目标为根据的前提下,要认真分析各个体育运动项目是如何促进学生身体功能的发展的。然后将各个体育运动项目与身体练习进行整理与合并,作为形成体育教学内容的基本素材。

3. 选择有效的运动项目

体育运动项目与身体练习所具有的多功能性与多指向性特点决定了它们具有很明显的可替代性。由于大多数体育运动项目都可以成为学校体育教学内容的基本素材,所以学校体育教学内容在运动项目方面具有较强的选择性。但是由于学校体育教学时间有限,不可能在学校体育教学内容中选入过多的体育运动项目与身体练习,所以在选择时,还应依据社会的条件与需求,对不同年龄段学生的身心发展特点和兴趣爱好进行充分考虑,从中选出一些常见的体育运动项目和较为典型的身体练习运动作为学校的体育教学内容。

4. 可行性分析

由于受实施地域和气候条件的影响,可以在某个学校实施的体育教学内容,不一定适合在其他学校实施。而且,要想使体育运动得以顺利实施,还需要有一定的器材、场地来给予保证。因此,在选择体育教学内容时,一定要对场地、器材的可能性进行充分考虑。选择同样的课程内容时,一定要为各地、各校选择和实施体育教学内容留下足够的余地,并保证各地、各校执行的弹性。

选择体育教学内容是教师在进行体育教学设计时,面临的最为棘手的问题之一。而教师所选体育教学内容的合理性也将直接对教师体育教学设计的科学性产生影响,进而影响整个学校体育教学效果。在以往的体育教学内容选择中,往往直接将体育运动中的运动项目移植到体育教学内容中,或者简单地根据与学校体育教学目标对应的要求选择相应内容,这是非常不科学的。

第四章 新时代高校体育教学模式运用与发展

教学模式是教学思想、教学目标、教学方法、教学策略等因素的总称,对于教学效果产生重大影响。多年来,人们为了不断提升体育教学效果,对体育教学模式进行了深入的探索和研究。本章从体育教学模式入手,概述了体育教学模式的基本理论,阐述了当前常见的体育教学模式及应用,并对信息化时代背景下的教学模式的创新与发展进行了探索。

第一节 体育教学模式基本理论概述

一、教学模式定义

(一)国内定义

模式在中文里有"样子""模子"的意思,汉语词典对它的精确释义为"某种事物的标准形式或者使人们可以照着做的标准样式"。因为专家学者所处的学科和出发的角度、立场不同,目前国内对"教学模式"一词没有统一的定义,因此,"教学模式"的概念我们只能摘取以下几位专家的解释,以供参考。

第一种,张升武的"理论说"。张升武认为,"教学模式是在教学实践中形成的一种设计和组织教学的理论,这种教学理论是以简化的形式表达出来的"。

第二种,吴也显的"结构说"。吴也显认为,"教学模式是在一定教学思想或理论指导下建立起来的各种类型教学活动的基本结构或框架"。

第三种，甄德山的"程序说"。甄德山认为，教学模式是"在一定教学思想指导下建立起来的完成所提出教学任务的比较稳定的教学程序及其实施方法的策略体系"。

第四种，李秉德认为，"教学模式是在一定的教学思想指导下，围绕着教学活动中的某一主题，形成相对稳定的、系统化和理论化的教学范型"。

(二)国际定义

模式的英文单词为"model"，国外对于"教学模式"的概念也没有明确、统一的定义，这里我们同样摘取一些专家学者的解释以供参考。

乔伊斯和韦尔认为，"教学模式是构成课程、选择教材、指导在教室和其他环境中教学的一种计划或者范型"；弗·鲍克良认为，"教学模式的本质就是一种教学策略"；冈特、埃斯特斯和施瓦布认为，"教学模式是导向特定学习结果的一步步的程序"。

综上所述，无论是从国际定义还是国内定义上，我们都可以将教学模式理解成一种开展教学活动的方法论。它是在总结教学经验的基础上，结合教学思想和教学理论建立起来的，规定了教学活动的框架和流程，为系统性开展教学活动提供了依据。

二、体育教学模式概述

(一)体育教学模式的概念界定

对于体育教学模式的概念，从事体育教学研究的人员从不同的角度和不同的理解给出了不同的解释，我们将提供其中几种仅作参考。

樊临虎认为，"体育教学模式是指在一定的教学思想或理论指导下，设计和组织体育教学而在实践中建立起来的各种类型体育教学活动的范型，它以简化的形式稳定地表现出来"。

王文生认为，"体育教学模式是在一定的体育教学思想或理论指导下，在特定的条件和环境中，为了实现体育教学目标所建立的相对稳定的教学程序及其方法的策略体系"。

刘瑞平认为，"体育教学模式是指按照一定的体育教学原理和体育教学指导思想而设计的具有相应结构和功能的教学活动的模式系统工程。它是由体育教学指导思想（或教学目标）、教学组织形式、教学方法、教学内容、教学效应和相关条件等六个既相对独立又彼此关联的程序工程系统组成"。

（二）体育教学模式的构成

体育教学模式实际上表现为一个完整的教学过程，包括确定教学思想和目标、制定教学方法、设计操作程序三大部分。其中教学思想和目标是贯穿整个教学活动的指导方针，教学方法是填充整个教学框架的"肌肉"，而教学操作程序则是具体的行动，是对教学思想和目标、教学方法的落实。体育教学模式还包括这三大主要构成部分的具体细节和一些辅助条件，基本结构如图4-1所示。

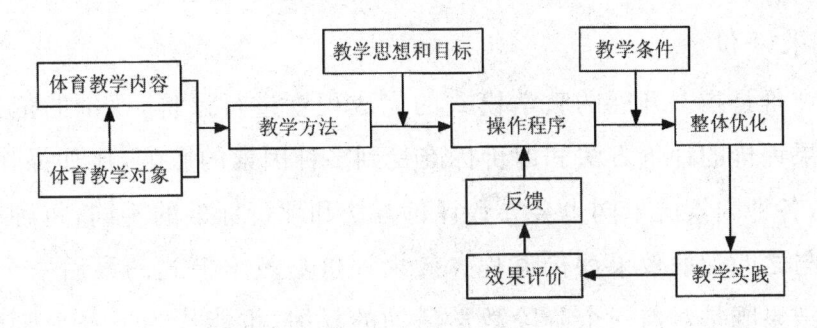

图4-1 体育教学模式基本结构

1. 体育教学指导思想

教学指导思想是一种教学模式区别于其他教学模式的根本，它是一种教学模式最深层的思想内核，反映了一种教学模式的根本性质。教学指导思想贯穿教学活动的始终，是开展教学活动的主要理论依据和思想指导，所有的教学模式都必须以教学指导思想为基础。指导思想除了可以单独存在，还能和教学模式中的其他因素结合使用，比如，"快乐体育"的教学思想中就同时出现了"快乐教学"的教学方法和"适应终身体育"的教学目标的影子。

2. 教学目标

教学目标是指在教学活动开展之前，教师对教学活动产生的效果做出的理想预期。在所有的教学模式中，人们都会设定教学目标，教学目标能够为具体的教学活动指明努力的方向，同时为教学活动的评价提供衡量标准。

3. 操作程序

操作程序是根据教学指导思想和教学目标开展的具体教学活动，包括根据时间线设置的操作程序和根据逻辑设置的操作程序两种。根据时间线设置的操作程序一般以教学内容的进程为依据,根据逻辑设置的教学程序一般是以教学活动之间的内在联系为依据。操作程序是对整个教学模式的落实,任何教学模式都不能缺少操作程序这一部分。操作程序不具有稳定性,即使拥有相同的教学指导思想和教学目标,操作程序也是不尽相同的。

4. 实现条件

落实教学模式的过程中是存在各种主客观因素的,如教学对象、教学时间、教学空间、教学内容等,这些统称为条件。所谓的实现条件,是指以上这些条件形成最佳的组合和方案,使教学模式的开展能够达到理想的效果。

5. 效果评价

效果评价是指对开展的教学模式的完成程度进行评价,评价的依据是教学目标。效果评价的评价方法和评价标准受到多种因素的影响,比如操作程序、实现条件等,各种因素的不同也会导致评价方法和评价标准的不同,每种教学模式都有一套与之匹配的效果评价流程。效果评价是教学模式的最后一个流程,评价出来的结果既是对前一个阶段教学活动的反馈,也能作为下一个阶段教学活动的指导,对教学活动的"拨乱反正"有重要作用。

体育教学模式中各个要素相互联系、相互制约,共同构成了教学模式的框架和细节。其中,教学指导思想是整个教学模式的"神经",从始至终控制教学模式的发展方向;教学目标是教学模式的"肌肉",体现在教学模式的每一个细节;操作程序是教学模式的"骨骼",整个教学模式的框架由具体的操作程序构建起来;实现条件是教学模式的"血液",为教学模式理想效果的实现提供生命力;效果评价是对整个教学模式进行的"医疗诊断",及时检查教学模式出现的问题,保证教学模式的有效开展。

(三)体育教学模式的特点

随着体育教育的发展,人们更能注意到体育教学中的个性化需求,各种更有针对性的体育教学模式随之出现。比如,快乐体育的教学模式,更注重体育教学中学生的情绪;团体合作的教学模式,更注重在教学中培养学生的团队合作能力;终身体能教育的教学模式,更注重锻炼学生的身体能力,等等。虽然教学模式的种类越来越多,但是它们还是具备一些教学模式共同的特点。

1. 理论性

每种体育教学模式都需要思想理论的指导，从本质上来说，一种体育教学模式就是一种体育教学理论的现实活动载体，体育教学模式就是理论和实践的有机结合。体育教学模式中教学理论的不可或缺性，决定了体育教学模式呈现出理论性特点。

2. 整体性

我们可以从体育教学模式的构成中得知，体育教学模式就是一个由各种不同因素构成的整体，因此在确定某种因素时，要从整体出发，确定一个因素不会影响整体的协调性。例如，在建立整体框架时，我们要充分考虑教师、学生、教学场地、教学时间等客观条件，为教学目标和教学程序的设定做足调研准备，保证框架中的各个因素不会相互冲突，保证整个教学模式是一个有机结合的整体。

3. 稳定性

一种成熟的体育教学模式是经过长期的体育教学实践考验以后形成的，既在长期实践中积累了大量科学的理论和经验，又在不同程度上揭示了体育教学活动的普遍性规律，对于体育教学活动有重要的指导和借鉴意义。成熟的体育教学模式在应用中能够表现出足够的稳定性，无论在哪种情况下被使用，都只需要根据现实的教学状况对其中的小细节进行调整，而基本的结构和程序不会发生太大变化。如果某种教学模式在应用过程中需要根据教学条件的改变进行很大的变动，就说明这种教学模式是不成熟的，预期效果的不确定性也会增大，不成熟的教学模式不具备重要的借鉴价值。只有具备稳定性的教学模式才是一种成熟的模式，稳定性是人们套用和借鉴一种体育教学模式的前提和基础。

4. 操作性

体育教学模式最终要被运用于教学实践中，一种体育教学模式必须具备可操作性才能体现其价值。成熟的体育教学模式的结构和程序是在长期的体育教学活动中经过精心加工、提炼而形成的，能够在后来的教学活动中被反复借鉴和使用，具有实践意义和可操作性。

5. 简明性

体育教学模式是对实践经验的提炼概括，是对复杂理论的总结和物化，教学模式中的教学结构和教学程序以精练的语言、象征的图像和明确的符号表达整个教学过程,使教学过程成为一个更加具体、清晰的框架,使整个教学模式变得简单明了。体育教学模式的简明性特征对于增加人们的认识和了解有很大帮助。

6. 优效性

社会生活中的竞争无处不在,体育教学模式也需要经历一个"优中选优"的竞争过程。人们为了取得更加理想的成绩,会在众多教学模式中选择最优秀的一种,通常优秀的教学模式会被更多人使用,也就能获得更加长久的生命力,而落后的教学模式会在时代的发展中被淘汰。因此,一种体育教学模式想要更长久地存活,就要根据时代发展不断进步,时刻保持优效性。

(四)体育教学模式的功能

体育教学模式的功能,是指一种教学模式在教学过程中表现出来的、能够使体育教学目标达成的作用。体育教学模式的功能主要包括中介功能、简化功能、预测功能和调节功能。

1. 中介功能

体育教学模式是一定的体育教学理论、思想和体育教学实践有机结合的产物,其中体育教学理论和思想是体育教学实践的理论基础,而体育教学实践则是体育教学理念和思想的具体物化。因此,在体育教学理论、思想和体育教学实践中,体育教学模式起到中介作用,上接体育理论和思想,是体育理论和思想的体现,下承体育实践活动,对体育实践中的操作程序和操作策略的制定提供思路。

2. 简化功能

体育教学理论和体育教学思想具有复杂抽象的特点,会给一般人的理解增加难度;而体育教学的程序也具有复杂烦琐的特点,难以给人们清晰明了的认识。体育教学活动的这种特殊性和复杂性,依靠文字的表述和人们的思辨思维理解是远远不够的,还需要一种效率更高的方式来方便人们认识和理解,也就是图示的方式。图示的优点是能够用简单的线条代替复杂冗长的文字表述,清晰地揭示教学模式内部各个因素的内在联系和相互作用,这种具有逻辑性的清晰表达更能使人们快速建立起对教学模式的整体印象。体育教学模式的简化功能使其更具操作性,接近教学实际,方便体育教师开展教学实践。

3. 预测功能

体育教学模式是体育教学研究人员在充分研究体育教学的内在规律和逻辑关系的基础上建立起来的。据此，人们在采用某种体育教学模式的时候，可以根据以往的经验对其进程和结果进行合理推断。人们还可以在分析体育教学内在规律的基础上建立假说，应用假说结合具体的教学现象推断教学结果。体育教学模式的预测功能对于及时修正教学程序、改变教学行为具有重要作用，一旦真实的教学程序和效果与预测的差距太大，就要对教学过程进行反思，找出症结所在，使教学实践朝着预想的方向发展，从而取得理想的教学效果。

4. 调节功能

教学模式中教学实践的开展是对教学理论和思想的检验，只有经过实践检验的理论和思想才是正确的、先进的。教学模式的程序具有稳定性，一般情况下只需根据具体的教学环境和教学对象等因素进行细节上的调整，其他的只需按照原有的教学程序和教学结构进行。而在具体实现过程中，就是要检验运用这些教学程序和教学结构是否能够达成教学目标，如果出现不能达到理想效果的情况，就要对教学活动中的各个环节、各个因素进行检查与分析，然后将得出的结论及时反馈到教学理论中，修正教学思想和理论中有误的地方。

（五）体育教学模式的分类

为了方便对体育教学模式的研究和应用，人们对体育教学模式进行了整理，并且从不同的角度出发，对体育教学模式进行了分类。

1. 依据教学理论分类

体育教学理论是体育教学模式的内核，整个体育教学模式就是对体育教学理论的实践，体育教学理论能反映出一个学校或者教育机构的教育观、人才观以及教学目标。随着对体育教学研究的深入，人们又提出了许多新的体育教学理论，如国外的掌握学习、程序学习、发现学习、范例学习、系统学习、发展学习、合作学习、终身教育，国内的自学辅导、引导发现、示范模仿、集体教学、俱乐部等。这些先进的教学理论对于促进体育教学的现代化发展具有重要作用。

目前，体育教学模式按照教学理论，主要分为现代教育理论模式、素质教育理论模式、心理学理论模式、社会学理论模式和系统科学理论模式五种模式。

2. 依照体育教学目标分类

人们的体育教学目标随着时代的发展呈现一个动态变化的过程。20世纪70年代以前,体育教学从主要为了传播先进的体育技术转变成进行体育锻炼、强身健体。20世纪70年代开始,体育教学目标变成了既要学习先进的体育技术,又要锻炼身体。20世纪80年代初期,体育教学的侧重点在于培养学生的体育能力。20世纪90年代,人们越来越注重用教育来培养综合能力,体育教学也提出了知识、能力、素质同步发展的教育目标。

体育教学目标除了呈现出时间线上的纵向变化之外,还呈现出横向的多样化发展。比如定向教学、处方教学就是为了完成强身健体的教学目标发展出来的教学模式;快乐教学、情境教学就是为了完成激发学生兴趣的教学目标发展出来的教学模式;俱乐部教学、同步教学就是为了完成自我健身体验乐趣的教学目标发展出来的教学模式等。

目前,体育教学模式按照教学目标主要分为提高身体素质教学模式、掌握技能教学模式、激发学生学习兴趣教学模式、健身体验乐趣教学模式、培养学生能力教学模式五种模式。

3. 依据教育教学方法分类

教学方法是教学模式中的重要因素,教学方法的优劣对教学效果的理想与否影响重大。教学方法的优化是体育教学模式研究的一个特征,教学方法按一定的理论指导且按确定的教学目标进行合理组合,以发挥体育教学方法系统整体功能与综合效果,是体育教学模式一个重要的要素。

目前,体育教学模式按照体育教学方法主要分为运用现代技术教学模式、交互式教学模式、策略教学模式、自主教学模式、情境式教学模式、讨论式教学模式六种。其中,现代技术教学模式中包含的教学方法有计算机教学、CAI教学、电化教学等;交互式教学模式包含的教学方法有讨论法、交谈法等;策略教学模式包含的教学方法有启发学习法、探究学习法等;自主教学模式包括的教学方法有自我观察法、自我评价法等;情境式教学模式包含的教学方法有竞赛法、游戏法等;讨论式教学模式包含的教学方法有合作教学法、观摩讨论教学法等。

4. 依据教学组织形式分类

教学组织形式能够反映一种教学模式的指导思想和教学策略,和教学方法一样，对教学效果产生重要影响。根据教学组织形式的不同对教学模式进行分类，能够方便人们根据教学组织的需要选择不同组织形式的教学模式。

目前，体育教学模式按照教学组织形式的不同，主要分为技术辅导教学模式、集体教学模式、个别化教学模式、合作式教学模式、俱乐部式教学模式、课内外一体化教学模式六种模式。其中，技术辅导教学模式中包含的组织形式有网上教学、课件教学等；集体教学模式包含的组织形式有团体教学、班级教学等；个别化教学模式包含的组织形式有自主教学、交互教学等；合作式教学模式包含的组织形式有师生合作教学、生生合作教学等；俱乐部教学模式包含的组织形式有课内俱乐部教学、课外俱乐部教学等；课内外一体化教学模式包含的组织形式有课外活动和社会一体化、学校与社会一体化等。

5.根据课程类型分类

体育课程是整个体育教学模式中更加细节性的因素，根据体育课程对体育模式进行的分类是一种更加细致的分类，体现现代体育教学模式针对性更强、更能满足个体个性化需求的教育理念。

目前，体育教学模式根据课程类型主要分为理论课教学模式、新授课教学模式、素质课教学模式、复习课教学模式、考试课教学模式五种。其中，理论课教学模式包含的教学课程有专题教学、讨论教学、答疑教学等；新授课教学模式包含的教学课程有程序教学、范例教学等；素质课教学模式包含的教学课程有快乐教学、处方教学等；复习课教学模式包含的教学课程有合作教学、自主教学等；考试课教学模式包含的教学课程有教师评价、自我评价等。

第二节 常见的体育教学模式及应用

一、拓展教育教学模式

（一）拓展教育教学模式概述

1.拓展教育教学模式的概念

拓展教育教学模式是一种以学生为中心，采用一系列有目的、有计划的体育活动来增强学生的自我发展和社会交往能力的教学方法。拓展教育的核心是学生,目的是让学生获得自我发展并且培养学生的社会交往能力。其中,自我发展指的是学生要在体育活动中逐渐完成自我意识的建立,包括认识自己、看待自己、接纳自己等。社会交往指的是学生在体育活动中面对许多和他人交往的机会,让学生在这些交往机会中明白自己处于怎样的位置,处于不同的位置时应该怎样处理事情,比如如何与他人沟通、如何与他人合作、如何领导他人与接受他人的领导等。

2. 拓展教育教学模式的教学目标

（1）提升学生的体育技能

体育教学模式最根本的目的是完成对学生的体育教育,拓展教育教学模式最根本的目标也是要求学生对身体活动有所认识和了解,然后完成对不同体育技能的学习。

（2）培养学生进行个人活动或者社会活动的责任感

培养学生的责任感其实就是让学生知道自己应该做什么事,并且自觉承担做这件事的责任。学生在进行体育活动时的行为难免会对自己和他人产生一定的影响,拓展教育教学就是要求学生在做事之前学会思考自己的行为可能会产生的结果,慎重地去做每一件事,学会对自己和他人负责。

（3）培养学生人际交往的能力

拓展教育教学模式的一个重要教学目标就是要培养学生人际交往的能力。人作为社会动物,社会交往能力是衡量个人对社会的适应程度的重要指标。拓展教育教学模式会以团队合作等方式让学生在团队中扮演不同的角色,让学生充分体会到交流、合作、领导等能力的重要性,进而使他们的这些能力得到锻炼。

（4）培养学生作出决策和解决问题的能力

体育活动中难免会遇到问题,拓展教育教学模式下的教师不会直接解决出现的问题,但是会为学生提供解决问题的方法,学生通过轮流担任不同的团队角色、共同决策等方式锻炼自己作出决策和解决问题的能力。

（5）培养学生的挑战精神和创造力

拓展教育教学模式的一个重点就是"拓展",教师要主动为学生创造一个充满挑战精神的氛围,鼓励学生尝试新鲜事物和进行冒险,培养学生的挑战精神和创造力。

(6)理解和尊重差异

学生在进行团队合作的过程中会发现大家的民族、性别、性格、能力等因素都不尽相同,教师要引导他们认识到这种差异是正常的,让他们理解这些差异,并且尊重不同。

(二)拓展教育教学模式的主要特征

1.顺序

(1)团队建立流程

拓展教育教学模式非常注重建立教学团队的流程,认为只有通过合理的流程建立一个成熟的团队,才能达成理想的教学目标。该教学理论认为一个成熟团队的建立会经历以下几个流程:

形成阶段——团队成员相互介绍,形成对彼此的初步认识和了解。

冲突阶段——团队成员之间加深认识,开始进行磨合,彼此之间的差异容易导致矛盾和冲突的出现。

团体行为规范阶段——团队经过磨合阶段,大家互相接受,逐渐成为一个真正的整体,大家的行为也逐渐达到一个团体的要求。

有机合作阶段——团队成员之间开始产生默契,能够根据每个成员的特点合理分配工作,成员之间的默契会使团体的工作效率处于良好状态。

结束阶段——团队活动结束,成员一方面会对团队成员产生不舍的情绪,另一方面会对自己在团队中的不合理行为进行反思和悔过。

(2)教学顺序

教学顺序是体育教师根据教学团队的发展规律设置的教学活动,主要可以分为以下几个顺序:

建立交流。重点在于建立小组成员之间的有效沟通。一方面,要培养学生主动倾听别人意见和建议的积极性;另一方面,要鼓励学生主动表达,培养自己的表达能力。

建立合作。重点在于建立小组成员之间的相互合作和相互扶持。一方面,要引导学生认识差异、尊重差异,悦纳他人,另一方面,要鼓励学生主动融入团体,培养学生参与团体合作的积极性。

建立信任。重点在于建立小组成员对彼此的身体和心理上的信任。信任是一个团队存在的根本,教师要不断向学生灌输信任的重要性,开展一些挑战活动,让学生在活动中建立信任。教师还可以利用一些成员犯错误的机会,让学生在犯错和谅解的过程中体会信任。

解决问题。重点在于培养学生解决问题的能力。引导学生进行团队合作,让每个成员认识到自己在团队中的位置,比如领导者要发挥领导能力,其他成员要发挥自己的长处认领任务。教师要充分考虑大家的意见,共同决策。还要让大家在团队中轮流担任不同的角色,培养学生的不同能力。

2. 体验学习圈

拓展教育教学模式更加注重的是学生在教育活动实践中培养了哪些能力,而这些能力的培养是对实践活动经验进行总结、提炼的结果,这个总结、提炼的过程就是所谓的体验学习圈。体验学习圈在拓展教育教学模式中的应用非常广泛,其具体内涵包括:在实践活动中完成对经验的积累;对实践活动进行观察和反思,认识实践活动的本质;对实践活动中积累的经验进行总结和概括,并且思考这项能力在团队中起到什么作用;将培养的能力运用到新的实践活动中。

3. 以机遇来挑战学生

以机遇来挑战学生,是指学生可以在一些特定的活动中,根据自己的意愿选择自己的学习内容,给学生一定的选择空间,有利于激发学生的学习兴趣。但是这种理论给学生的"自由"并不是完全的,学生要保证自己会参与活动,不能脱离活动。这种理念之下的教学方式需要学生明确自己参加活动的时间、参加活动的方式,并且保证自己会听从团队的决策、对团队有贡献。

4. 全方位价值合同

全方位价值合同是学生们在团队活动中达成的一份合约,这份合约要求无论是小组开展活动还是成员在小组中的行为都要按照合约上的规定进行。订立全方位价值合同不仅能够规范团队活动,还能够增强小组向心力。

(三)拓展教育教学模式的教学技巧

1. 根据团队合作的状况确定教学进程

团队合作的进程是影响教学进程的重要因素。每个团队的磨合程度和团队合作能力不尽相同,单纯依靠课程安排推进课程的进程会导致有些团队的学生错失一些课程内容,教学效果会大打折扣。因此,要根据团队合作的进程确定课程进程,保证每个学生都能够完整地接受教学。为了防止有些团队的进程过慢,教师可以给予适当的提醒和帮助。

2. 以引导代替直接灌输

拓展教育教学模式注重培养学生以团队合作的方式解决问题的能力,教师的职责是为学生提供问题,然后引导他们解决问题。重点是学生要亲身参与到教学活动中,形成对实践活动的清晰认识,积累解决问题的经验。教师不能直接向学生提供解决问题的办法,要鼓励学生积极探索、有效合作。

3. 预备超额的课外活动

教师在设置课外活动时要考虑与教学进程匹配,确定每个教学阶段都有备选活动,对教学活动过程中可能出现的一些意外进行预估,防止出现面对意外时措手不及的情况。比如,有的团队可能会因为完成任务的速度过快而出现无任务可做的情况,有的团队因为一些特殊原因无法参与某种活动,这时就需要教师提前预想到这种情况,设置超额的课外活动来保证课程进展的流畅度。

4. 设置专门的交流反馈的环节

拓展教育教学模式的最终目的是让学生将在活动中学到的东西加以总结、提炼、内化,最终成为自身能力的一部分。如果学生只参与了教学活动,没有及时对教学活动进行交流、反馈,学生很难完成知识的总结和内化。因此,教师要设置专门的、以学生为主的交流、反馈环节,完成对教学活动的升华。

二、运动教育教学模式

(一)运动教育教学模式概述

1. 运动教育教学模式的教学目标

运动教育教学模式的教学目标包括:培养具有参与身体活动能力的运动员,培养理解和尊重规则、礼仪和运动传统的具有文化修养的运动员,培养喜爱运动文化并以实际行动支持和维护这些文化的充满激情的运动员。

2. 运动教育教学模式的具体教学任务

运动教育教学模式的具体教学任务包括:发展具体技能和体能,欣赏并能够执行具体的比赛战术和策略,参加适合自己身心发展规律的身体活动,进行身心活动的策划和管理,培养负责任的领导能力,有效进行团队合作达成共同目标,欣赏那些赋予运动独特意义的礼仪和习俗,培养当身体活动中发生社会问题时做出理智决定的能力,学习和应用裁判、仲裁和训练的知识,在校外也能参与到竞技运动和身体活动中。

(二)运动教育教学模式的特征

运动教育教学模式的独特性主要表现在教学结构上,其教学结构有以下五个基础特征。

1. 赛季

运动教育教学模式的教学结构以"赛季"为单位,按照赛季的管理模式安排课程的进程,赛季可以分为训练赛季和比赛赛季两个阶段。训练赛季就是教师将学生分成不同队伍,并根据每个其的特点安排其在队伍中的位置,然后进行统一教学和训练。比赛赛季时,教师充当总教练的角色,将训练任务下发给每个队伍中负责训练的学生,学生们进行的训练以自己团队的集体训练为主。同时,教师还会组织各个团队之间在比赛季开展比赛。

2. 球队归属

球队归属是指教师在开展教学活动时会要求学生以团队为单位进行划分,并且每个团队要有自己的特色,可以通过名字、口号、场地等方式确定团队的身份。教师还可以根据每个团队完成教学任务的情况、团队成员的行为等对团队评分,让学生意识到团队合作一荣俱荣、一损俱损的本质,增强学生的团队荣誉感和归属感。

3. 正式比赛

一方面,正式比赛是对教学成果的一种检验,不仅能在正式比赛中看到每个学生的个人体育技能,还能看到他们的团队合作能力;另一方面,正式比赛作为整个教学活动最终成果的展示,还能促使学生将其作为目标,督促学生努力学习体育技能。

4. 记录

记录是运动教育教学模式教学结构中重要的一环,教师要对学生平时的出勤状况、练习状况、比赛状况等情况进行及时记录。记录下来的信息既可以作为学生课程完成状况的评价指标,也可以作为教师制订下一阶段教学任务和教学目标的参考依据。

5. 趣味性的庆祝活动

比赛季的结束意味着课程的结束,也意味着学生体育技能的一次提高,运动教育教学模式的一个重要特点就是课程结束后的教育活动也是教学结构中的一环。各个团队可以仿照真实的体育竞赛后的庆祝活动进行庆祝,比如在脸部彩绘、举办庆功仪式等。充满趣味性的庆祝活动会提高学生对这种教学模式的好感,提高学生选择这种教学模式的积极性。

(三)运动教育教学模式的教学技巧

1. 从教学强项入手

运动教育教学模式是一种比较新颖的体育教学模式,目前人们仍在对其进行尝试。想要运用这种教学模式取得理想的教学成果,首先要选择自己比较擅长的运动项目进行教学,用对体育项目的了解弥补对这种教学模式的经验的缺乏。

2. 采用循序渐进的方式进行教学

对一种教学模式的应用不可一蹴而就,要先选择其中自己最有把握的因素进行尝试,然后再慢慢尝试难度比较大的因素,尽量避免因为不能驾驭教学模式而带来教学失误。

3. 注重学生团队之间能力的平衡

运动教育教学模式的教学过程注重团队合作和竞争,而进行竞争的前提是公平,也就是要求各个学生团队之间的实力要相对均衡。教师在进行团队划分时要综合考虑每个成员的特长和能力水平,尽量减小团队之间能力的差距。

4. 公告栏的应用

公告栏是运动教育教学模式中的一个重要工具,有效地利用公告栏对于提高教学效果有很大帮助。教师要在每次课程结束时认真地将学生的出勤情况、练习情况、比赛分数等记录下来,让学生了解自己和他人的情况,从而获得更强的学习动力,改善自己的学习行为。

三、个人和社会责任教学模式

(一)个人和社会责任教学模式的概述

1. 责任感的五个层次以及对应在教学目标中的表现

个人和社会责任教学模式注重对人的健康人格的培养,通过体育活动使学生意识到自己的活动需要对自己和他人负责,并且将这种意识应用到日常的社会生活中。因此,这种教学模式之下的教学目标要围绕培养不同层次的责任感展开,表 4-1 列举了责任感的五个层次,以及对应不同的责任感层次教学活动应该设置的教学目标。

表 4-1 责任感层次及其对应的教学目标

责任感水平层次	教学目标
一、尊重他人的权利和感受	控制脾气、不冲动;包容其他人;和平解决冲突
二、自我激励	参加活动;努力学习;面对困难时不放弃
三、自我指导	独立工作;设置目标并向着目标努力;做出最好的选择
四、关怀	帮助他人;引导或者教导他人;考虑他人的利益
五、将责任感运用到日常生活中	能够理解这些技能在日常生活中的价值,与日常生活中其他事情的紧密联系;能够在日常生活中的其他情景运用这些技能

2. 教学结构

(1)交流时间

个人和社会责任教学模式的第一个教学程序就是为教师和学生创造交流的时间,这种交流是非正式的、一对一的,教师可以自己创造机会去和学生进行交流,比如利用上课前后的时间。这种良好的交流能够拉近教师和学生之间的距离,对于达成理想的教学效果有很大帮助。

(2)教学前言

教学前言是在课堂正式开始之前教师对本节课程的简单介绍,内容包括课程计划、教学目标等。需要注意的是,一般教学目标会根据培养责任感的进程确定。

(3)体育活动

体育活动是正式的课堂活动,培养个人和社会责任的教学模式下,学生对于体育活动的选择和开展拥有充分的选择权和支配权,但这同时意味着他们要承担相应的责任和义务。学生们在课堂上既能学到体育技能,又培养了自己的责任意识。

(4)小组会议

小组会议是教学结构的最后一个环节,学生可以在小组会议上提出对课程的意见以及自己在课程中的所思所得,然后进入对课程的总结和反思。教师可以将某个层次的责任感作为标准,要求学生对他们的课堂表现进行反思,还可以引导学生表达自己反思的结果,并且对结果进行评价。

(二)个人和社会责任教学模式的特征

个人和社会责任的教学模式具有很强的灵活性,因此,在一些教学实践中,虽然体育教师实施了这一种教学模式,但是由于对这种模式定性有一定困难,这些实践者还是需要花费很多精力来证明自己使用的是此种教学模式。针对这个问题,Wright 和 Craig 制定了一套直接观测工具,这个观测工具中包含 9 种观察策略,虽然没有包含所有教学情形,但是具有很强的实用性。这 9 种观察策略是:塑造尊重,教师与学生和他人的交往中塑造令人尊重的行为;设置期望,教师组织课堂的各个方面,向学生明确传达指示和行为期望;提供成功的机会,教师为学生提供的机会不能因为个体差异而导致有的学生被排除在外或无法成功参与;促进社会交往,教师创造情境,让学生彼此交往,不直接受教师的控制;分配管理任务,教师要求学生通过承担具体的任务来参与管理和组织课堂;提高领导能力,教师通过给予学生机会指导或领导其他同学来与学生分享教学责任;给予选择和发言权,教师给予学生们机会发表自己的意见,提供建议,做出决定;学生参与评估,教师让学生进行自我评价或同伴之间互评;生活技能的迁移,教师教授学生生活技能,教导他们如何在课外使用。

(三)个人和社会责任教学模式的教学技巧

个人和社会责任教学模式的教学技巧围绕五个层次责任感展开,处于不同的教学阶段需要使用不同的教学技巧。

1. 培养第一水平的责任感需要使用的教学技巧

第一水平的责任感要求学生学会尊重别人。这个教学阶段是学生对责任感有初步的认识和理解的阶段，要求教师选择合适的时机，用非常直白易懂的方式向学生点明"尊重"这个主题，向学生介绍的定义必须十分清晰明了，还要符合他们的理解能力。在培养责任感的初期，教师的言传身教对学生的影响非常大，教师要规范自己的行为，做出负责任的表率，为学生树立学习的榜样。

2. 培养第二水平的责任感需要使用的教学技巧

第二水平的责任感要求学生能够自我激励。教学阶段还需要教师开展一些教学实践，让学生在实践中培养自我激励的能力。教师在开展教学活动时需要注意三点：一是要使教学活动既符合学生的能力水平又有一定的挑战性，挑战和成功之间的平衡性能更好地促进学生进行自我激励；二是教学活动开展之前教师要点明教学目标和任务指示，为评价学生完成任务的水平提供一个公平、明确的依据；三是教师在教学活动中要注重学生的可控因素，如个人的努力、意志力等，鼓励他们发展可控因素完成任务。教师要保证所有学生都能根据自己的长处选择适合自己的任务，创造一个积极进取的学习环境，让学生在活动中感受责任感的重要性。

3. 培养第三水平的责任感需要使用的教学技巧

培养第三水平的责任感要求培养学生自我指导和自我管理的能力。教师在教学过程中需要做到两点：一是为学生提供练习的时间，让学生在自主练习过程中形成这些能力；二是给予学生一定的选择权，如引导他们制定目标，让他们意识到目标是他们自主确定的，他们要对自己确定的目标负责。

4. 培养第四水平的责任感需要使用的教学技巧

培养第四水平的责任感要求培养学生的关怀能力。教师可以在这一教学阶段采用同伴教学法，就是让生生互助、合作学习，学生比较容易在这个过程中学会关怀他人，而且这种方法更能激发年长者的关怀情感，还能培养年长者的领导能力。教师还可以在教学过程中向学生明确关怀他人的重要性，及时对学生做出的关怀他人的行为进行鼓励，引导学生逐渐形成关怀他人的能力。

5.培养第五水平的责任感需要使用的教学技巧

培养第五水平的责任感要求学生将自己在教学过程中学到的个人和社会责任行为运用到实际的社会生活中。教师可以通过案例分析的方式,让学生口头或者书面分析自己应该怎样在生活实践中表现责任感,还可以设置一些志愿活动让学生在真实的生活中锻炼自己的责任能力。教师还要在活动结束时引导学生对自己的行为进行总结反思,以改善学生的行为,巩固学生所学的内容。

第三节 新时代体育教学模式的创新与发展

一、体育教学模式创新与发展的分析

(一)体育教学模式变革的动因

1.全民健身计划对体育教学模式的影响

现代社会,人们逐渐意识到锻炼健身的重要性,我国为了提高国民身体素质,也将全民健身列为重要的发展战略之一。学校的体育教学为了适应人们的现代体育需要,也为了响应国家"全民健身"的号召,逐渐对教学模式进行了调整。全民健身的教育思想融入体育教学模式中,体育教学承担的任务不再是简单地培养学生体育技能、增强学生身体素质,而是要从思想观念上对学生进行改变,培育学生终身体育精神和体育运动精神成为体育教学的新任务。体育教学模式的改变是体育运动发展新形势的必然要求,新的教学模式势必会提高体育教学质量,促进全民健身计划的顺利实施。

2.体育教学模式和学习形式的改变

随着信息技术的飞速发展,教育领域的教学模式和学习形式发生了巨大的变化,互联网技术、大数据云计算等技术的出现对传统课堂造成了巨大冲击,许多新的教学方式与学习方案悄然诞生。如今在"互联网+"的概念下,教育越来越智能化。"互联网+教育"的智能化转型使体育教育发生巨大变化,一部分学科先行实现翻转课堂、互联网教学、混合式教学、理论+实践等模式,取得了不凡的教学成果。网络课程、微课程、翻转课堂、视频教学等为现代体育教育教学带来了前所未有的机遇和挑战。处在社会各项事业大变革背景下,更新教育理念

和教育行为,探索与之相适应的教学方式,培养出身心健康和终身体育习惯的新型人才势在必行。

在线学习使学习者学习体育的形式也由传统形式转向多元化形式,学习者不再拘泥于教室和课本,甚至延伸到各个地方,学习者可以接收到更多信息,同时在第一时间就获取最新资讯。这种快速普及的互联网信息技术,使学习者摆脱了传统课堂的束缚,将书本学习转变为互联网学习,将传统课堂转变成互联网课堂。这种新的学习方式已成为部分学生学习的补充形式,也为体育教学模式的创新奠定了良好基础。

3. 国家对信息技术进课堂的重视

信息技术的发展成为体育教学模式创新与发展的重要动力,国家也意识到信息技术发展对于体育教育发展的重要性,出台了一系列促进信息技术应用到教学领域的政策。《国家中长期教育改革和发展规划纲要》(2010—2020 年)中提出"要加快信息基础设施建设为教育发展服务"的要求,充分说明了国家对用信息技术促进教育发展的重视。

(二)体育教学模式的创新理念

行动的转变只是浅层、表面的现象,想要真正对体育教学模式进行创新和发展,最重要的还是要彻底转变人们的教学理念。信息化时代背景下,我们应该在体育教学中具备与信息化教学模式相匹配的创新理念。

1. 课程信息多元化原则

在传统的体育教学模式下,学生了解和进行一项体育活动主要是以课堂为载体。但是在信息技术的支持下,人们可以在网络上建立体育信息资源库,让学生通过网络加深对日常体育活动的了解,拓展对非日常的体育活动,如马术、攀岩、蹦极等运动的了解。更加丰富的体育信息资源能让学生充分感受体育活动的多样性,激发学生学习体育的积极性。

对于教师来说,传统教学模式下,教师们只能在线下借助有限的书籍和经验编排动作,但是体育资源库能够为教师提供更加丰富的素材,激发教师创编动作的灵感。另外,信息技术还能模拟体育动作,对动作进行分解、组合和修改,让教师更加直观地观察、分析各个动作的特点,提高教师的工作效率。

2. 运用信息化技术设计教学环节

传统的体育教学模式下，教师进行一个新动作的教学，往往需要亲自示范，让学生观察、了解动作。但是这种教学方式中存在很多问题，比如，教师受年龄和身体等因素的影响，做出来的动作不标准、每次做的动作有出入。还有些动作，如腾空、翻转等，动作本身的特殊性使教师无法进行动作慢放，学生可能无法通过教师的示范充分领悟动作要点。一般动作示范是在授课过程中进行，并且受到教师体力等因素的影响，示范的次数有限，而学生的理解能力有差距，可能会导致有些学生无法跟上教师的课程进度。

和传统教学模式的这些缺点对比，利用信息化技术进行课程设计的优势就体现出来了。比如可以通过网络技术把动作要领和教学理论结合起来，制成视频或者Flash动画，不仅能够保证动作的标准性、一致性、细致性，还能供学生在课下反复观看，弥补学生在理解能力上的不足。

(三)体育教学模式创新的途径

1. 转变教师的教学观念

转变教学模式最根本的任务就是转变教师对传统的体育教学模式的执念，使他们认识到信息技术的优势并且主动将信息技术引进课堂。目前，还有一些体育教师认为体育课程不需要进行改革，他们拘泥于传统的教师示范、学生模仿的教育模式，满足于这样的教学效果。造成这种现象的原因：一方面是部分学校的信息技术设备仍处于比较缺乏的状态，学校无法支持教师进行体育课程创新；另一方面是教师的思维固化，对新鲜事物的接受程度不高。想要改变这种状况，使信息技术尽快融入体育课程，必须加大对学校新型设备的投入，同时采用将信息技术纳入绩效考核等方法引导教师转变传统思想。

2. 体育教师加强对信息化技术的学习

体育教师对信息化技术的掌握水平会对教学效果产生很大影响，而现在的体育教学仍旧面临着一些老教师对现代信息技术掌握有限，无法熟练使用信息技术进行授课的问题。

提高教师的信息化技术水平，需要学校和教师双方的共同努力。就学校方面而言，要定期组织教师信息技术培训，提高教师运用信息技术的水平，要求体育教师学会运用互联网教学软件，开发教学资源，制作微课，实现翻转课堂与混合式课堂教学,实现信息技术与体育教学的深度融合。就教师方面而言,教师应该树立主动学习的意识,平时多找相关课程进行学习,多阅读相关知识,提高自己的信息化技术水平和教学能力,做新时代的体育教师。

3. 开发以体育课程为主的信息技术教学软件

体育课由理论课和技术课两部分组成,关于理论课的学习,现在的超星、雨课堂、课堂派等软件就可以满足。但是体育课的重点在于进行体育实践活动,对于学生的课堂表现进行评价简单地依靠纸质考试和考勤是不科学的,还要看学生对体育动作的完成状况。

想要进一步将信息技术与体育教学结合落到实处,还要针对不同体育课程的动作重点开发相应的体育教学软件。比如,大学公共课的目的在于引导学生锻炼,强健学生体魄,就可以运用普通的跑步软件,以学生跑步的公里数和消耗的卡路里为评价标准。球类体育课程需要考查学生动作的规范性和完整性等,教学软件的设计可以设置投篮、障碍跑等技术要求,考查学生动作是否标准和动作的完成度。根据不同体育学科的特点设计具有针对性的教学软件是信息技术结合体育教学的一大进步,也将成为一大趋势。

4. 合理使用信息技术,使信息技术为体育教学服务

信息技术与体育教学结合的过程中,教师需要摆正信息技术和体育教学的地位,认识到信息技术是体育教学的手段和工具,为体育教学所用,而体育教学才是最终目的,切勿本末倒置。教学实践中,教师要引导学生将重点放在了解和掌握体育知识理论、完成体育动作上,避免学生在使用信息技术软件上浪费太多时间。

二、体育网络课程

(一)体育网络课程的概念

体育网络课程是学校根据社会对体育教育的要求,以教育技术和媒体手段为课程载体,结合体育网络教学设计思想而组成的,适合体育网络教学内容和教学活动的总和。体育网络教学中包含教学目标、教学活动和教学内容以及教学评价等因素,但是体育教学除了需要考虑教学课程中这些原本就存在的因素外,还要充分认识到信息技术的应用带给它们的影响以及变化。

（二）体育网络课程的特征

1.体育网络课件的特征

（1）运动动作图像化

体育教学的重点在于使学生掌握体育动作，而掌握动作最有效的方式就是让学生直观地进行观察，让学生在感觉器官的作用下形成对体育动作直接、生动的印象，这样便于学生对动作的理解和记忆。正是因为体育教学的这种特点，人们逐渐认识到直观教学方式的重要性。自20世纪50年代开始，就有人将专业运动员的训练和比赛过程录制成视频给运动员观看，供运动员纠正动作使用。而在体育网络资源开发的过程中，教师将运动员的运动过程中的动作以及生理和心理的变化进行数据分析，然后制作成图片或者视频供学生观看，课件能够稳定、慢放或者重复运动动作，使学生直观地认识到动作的重点和难点，便于学生理解和记忆动作。

（2）图像动作仿真化

从运动技术这一视角上看，运动成绩要获得提高或者突破就必须在运动技术研究方法上完成两个转变，即从传统的主要基于人眼观察到基于高精度运动捕捉与分析的人体运动技术测量方法的转变；从基于包含太多感情色彩的经验方法到基于程序化的人体运动模拟与仿真的人体运动分析方法的转变。运动技术仿真要通过虚拟现实技术再现学生的技术动作诸细微环节、教练员的训练意图以及训练过程。运用虚拟现实技术，可以细化体育课动作的展示，例如对同一姿势，学生可以从不同的角度去观察动作要领。

（3）动作方针微格化

随着计算机辅助教学技术的进步，体育教学的一个重要内容就是讲解技术动作的分解变化过程、技术动作相关的步伐或者姿势变化过程、集体项目战术配合中的队员位置以及运动线路变化过程等。到了20世纪80年代中后期，由于摄像机的普及，在专业运动训练领域，采用微格教学近似的方法来纠正运动中的错误动作和技术的现象比较普遍。20世纪90年代以后，一些体育院校开始针对体育教育专业开展提高课堂教学技巧的微格教学活动。

2.体育网络课程特征的具体表现形式

（1）技艺性

体育教育不同于其他教育，它专注的内容不是理论知识，而是学生的身体活动,注重对学生身体认知的培养,是一种具有"技艺性"的课程。体育教育的这种特殊性要求在网络课程中不仅要讲述课程的理论,更重要的是要清晰细致地展示体育动作。体育网络课程采用多媒体技术,将体育理论讲解和动作展示相结合,通过慢放、定格、重复播放的方式表现出来,充分考虑体育动作的技艺性,提高了教学效率。

(2)动态性与非线性

动态性指的是体育网络课程教学不是静止不变的,相反,它一直在向前发展。网络体育教学课程不断吸收最前沿的学科知识和最先进的研究成果,总结教学实践中师生的最新发现,及时对课程内容进行更新。而非线性是由网络技术本身的特点决定的,非线性的信息表达方式有助于培养学生的想象力和发散思维。

(3)多维性与多元性

多维性指的是体育网络课程在表现形式上具有多维性,既可以通过文字、图片、声音的方式表现出来,也可以被制作成动画、视频;既能通过二维的方式表现,也可以通过三维的方式展现,甚至还能通过模拟虚拟显示进行多维展示。多元性指的是网络的跨地区性、跨国界性给网络体育课程带来了文化的多元性,一方面,可以在体育课程中寻找到不同文化融合的影子;另一方面,在网络教学过程中,不同文化的人具有的不同思维方式和表达方式又使体育网络课程的教学过程变成一个融合不同文化的过程。

(4)融合性

体育网络课程的开发是在不同的技术、不同的文化知识以及多方人士的共同努力下完成的,体育网络课程的开发就是一个多种资源相互融合的结果。体育网络课程包括的资源有信息技术、信息资源、信息方法、人力资源、课程内容和现代教育思想等,这些资源的融合使体育网络课程具有融合性特点。

(三)体育网络课程开发的理论基础

1.体育教学设计论

体育网络课程教学的重点在于"体育教学",即让学生学习体育知识,而"网络课程"只是一种教学工具,辅助提高教学效率。开发者在进行网络课程开发时要谨记这两个因素的关系,要将课程设计作为首要任务,不能本末倒置。将体育教学设计论作为体育网络课程开发的理论基础,就是要让开发者注重课程本身的开发,合理设计教学目标、教学过程和教学方法等,保证教学课程的质量。

2. 构建主义学习理论

构建主义学习理论强调教学情境对教学效果的重要性,主张应该在教学过程中设置不同的学习情境,让学生在模拟真实环境的状况下更加深入地学习课程知识。因为将构建主义学习理论作为理论基础,体育网络教学课程的开发和实施也非常注重课程情境的设计。体育网络课程会在一定的课程情境中设计相关的问题,引导学生运用学习资源和教师以及学生进行交流和讨论,自主选择解决问题的方法。一方面,这种"身临其境"的情境能让学生有实践的体验,帮助学生加深对知识的理解和记忆;另一方面,课程中采用丰富的学习内容和学习方式,以及给予学生自主权利的做法,在很大程度上能激发学生的学习积极性和自主性。

3. 人本主义学习理论

人本主义学习理论认为,学生才是学习的主体,教学过程不应该是学生被动接受知识的过程,而是学生为了谋求自我潜能的发掘,积极主动参与到教学过程,学习知识,进行自我充实的过程。因此,体育网络课程的开发非常注意为学生建立积极主动的学习环境、重视学生的主体地位、创设真实的情境教学模式、引导学生养成协作学习的习惯。人本主义理论在体育网络课程中的应用对于调动学生的学习积极性,使学生抱着促进自我发展的想法,积极主动地参与到学习过程中有非常重要的意义。

第五章
新时代高校体育教学手段选择与应用

第一节　高校体育教学手段的基本内容

一、体育教学手段的概念

"教学手段"是指师生教学相互传递信息的工具、媒体或设备。随着科学技术的发展,教学手段经历了口头语言、文字和书籍、印刷教材、电子视听设备和多媒体网络技术五个阶段。

通过对体育教学手段概念的界定,我们可以看出,体育教学手段缺乏足够的重视,也说明体育教学理论的匮乏。从唯一一个对体育教学手段概念的界定可以看出,所谓广义的手段也是泛泛而谈,包罗万象,没有涉及体育教学手段的本质,狭义的手段则比较接近体育教学手段的本质,但没有很好地概括体育教学手段的外延。

从"手段"与"教学手段"的概念入手,体育教学手段的概念应界定为"实现体育教学目标过程中使用的实体工具"。与其他学科教学活动一样,为实现教学目标,通常使用的实体工具有教室、黑板、教具、媒体等,但体育教学物化工具除了一般工具之外,还具有特殊的含义。这是由于体育教学中师生需要大量的身体练习活动。因此,体育教学手段中的实体工具既可以指物质方面的工具,还可以指人体或人体某些部分,例如,为了实现"使学生清晰地观看较为准确的教师示范动作"的目标,教师以自身的某些部分作为工具演示给学生。

二、体育教学手段的功能

(一)辅助运动教学功能

教学手段具有直观的功效。体育教师在体育教学中大量使用新颖实用的教学手段,对教学可以起到一定的辅助作用。虽然教师在一节课中的动作示范是最重要的,但是体育教师不可能无限制地做示范,因此需要借助其他的教学手段,如学生示范、正确动作图示、助力与阻力、人体模型等。体育教师要善于寻找、发现、借用、创新各种教学手段,增加形声效果,促进学生对知识的记忆理解、发展智力、提高能力,为教学服务。

(二)更新教学观念功能

电子计算机、教学机的发展和普及,使教学过程中信息的传递和控制有了重大突破,虽然多媒体技术在体育课教学中普遍受到限制,但是体育课程借助多媒体教学的趋势是不可阻挡的。只是在形式上可以更加变通,如可以运用笔记本电脑,在讲课之余,让学生观看运动过程、标准动作技术,以增加学生的直觉感受。总之,在体育教学中,体育教师要广开思路,不要局限于现成的教学手段,要勇于创新,开发出更优良的教学手段。

(三)增加直观效果功能

教学手段主要是指教学硬件方面的内容,硬件方面的材料具有很强的直观性,教师的示范、人体模型、教学用具的演示,学生一看就能明白。有时学生做了错误动作,教师的一推一拉、一拍一提就能产生奇效。这些教学手段都是非常直观、有效的,经常使用可提高学生对运动技术的直观感觉与体验,有助于快速有效地掌握运动技能。

(四)扩展信息反馈功能

由于教学手段具有非常直观的功效,教师可以获得来自学生身体的直接反馈,如视觉的直接反馈、肌肉本体的直接反馈、身体空间感觉等。通过各种教学手段的使用,可以拓展学生在体育教学过程中信息反馈的渠道与路径,而这些来自学生身体的反馈信息对于学习与掌握各种运动技能是必不可少的。

（五）加强师生合作功能

班级授课制表面上富有集体性，但其缺点显而易见，它基本上属于组织与管理范畴，没有真正意义上的合作、分工与责任等，学生们完成教学任务基本是单独进行的，这与现代社会人与人之间高度合作的特征相悖。体育教学中大量使用的教学手段明显加强了师生之间的合作，体育教师可以通过各种直观的、手把手式的教学手段，增加师生身体之间的交流，传授身体运动方面的智慧，这对于运动教学来说具有特殊的价值与意义，在体育教学中应大力提倡。

三、体育教学手段的划分

笔者认为，可用"二分法"原理把体育教学手段划分为人体内部感官视角手段与人体外部视角手段。

（一）学生视觉手段

所谓视觉手段，顾名思义，就是运用人类的视觉器官——眼睛来感知外界事物的手段，如摄影、电视、电影、造型艺术、建筑物、各类设计以及各种文字等能用眼睛看到的都属于视觉手段。教学活动中的视觉手段有很多，如书本、黑板、电视、电影、投影等。在体育教学中使用的教学视觉手段与其他课程教学有所不同，更多趋向于教师的示范、学生的示范、学习卡片、教具、挂图、人体模型、标志物等，有条件的学校在体育教学中也可以使用多媒体、电视、幻灯片等手段。

（二）学生听觉手段

教材的声音效果主要由教师讲解、音乐、音响三大类组成。一般情况下，表达思想感情、阐述科学道理时使用解说，调节课堂气氛、渲染氛围时使用音乐，让人产生身临其境的感觉时使用音响。当然，在各种声音中占主要地位的当属教师课堂讲解。体育课堂教学若能在教师良好讲解的基础上，配合美妙的音乐、强烈的节奏，可以给学生"耳目一新"的感觉。在体育教学中广泛使用的听觉手段有收录机、播音机、手鼓、节拍器等。

（三）学生视听觉综合手段

视听手段，来源于直接法和听说法，它是在听说的基础上，利用视听结合而形成的一种教学手段，强调在一定情境中听觉感知（录音）与视觉（图片影视）感知相结合。视听教学手段包括立体视觉教具,如标本等;平面的视觉教具,如照片、图表、图解、地图、宣传画、连环画、黑板、布告牌等;视觉教具,如静画、无声影片、幻灯、实物投影、显微镜投影等;听觉教具,如唱片、磁带录音机、校内广播装置、收音机等;视听觉教具,如有声电影、闭路电视。通过上述视听觉活动和教材、教具,可以显著地提高教学效率。实验证明,相比传统的教学方式,视听教学效率可以提高 25%～40%。在体育教学中使用的视听手段具体分为非投影视觉媒体(图片、模型和教具等)、投影视觉媒体(投影、实物投影、显微投影、幻灯片)、听觉媒体、视听媒体和综合媒体(多媒体)等。

(四)学生触觉手段

触觉是接触、滑动、压觉等机械刺激的总称。人体的触觉器是遍布全身的,如人的皮肤位于人的体表,依靠表皮的游离神经末梢能感受温度。体育教学中的"手把手"教学就是一种非常好的教学手段,它在体育教学过程中的使用是非常普遍的。因为学生运动感知的获得有时是很困难的,除了参与必需的身体运动之外,还要体验身体在不同运动过程中的感觉,若没有这种身体感觉,运动技能的获得将成为一句空话。在学生不断地学练技术过程中,教师若能将自身获得的身体感觉通过某种方式传递给学生,帮助学生建立与体会这种身体知觉,那么掌握运动技能必将缩短很多时间。"手把手"教学手段就是依赖教师的身体对学生运动中的身体给予一个恰到好处的刺激。提醒学生动作的时机与要点,这样,学生就可以在自身努力练习的基础上,借助教师的点拨,加速对运动感觉的理解与体验。触觉手段除了包括教师给予学生身体上的阻力与助力之外,还包括一些限制物、障碍物等,它们的主要作用是通过学生对限制物的感知与反馈,调整运动行为。

(五)运动场地

运动场地是每一个学校需要大力投资修建的,是学校的运动物质文化,是学校美丽的风景线,同时,教师可以将运动场地作为一个很好的教学手段。运动场地除了本身可以作为教学手段之外,还有一些内容可以作为特殊的教学手段来用,例如,体育馆内的墙壁可以作为排球垫球、扣球、传球的教学手段;室外的墙壁可以画上标志作为足球定位之用;室外运动场地的线条可以作为接力跑的线来用;台阶可以用于发展学生的跳跃能力等。这些教学手段都是学校内固有的,可以充分利用。当然,在使用过程中需要提醒学生爱护公物、保持卫生。

(六)器材和设备

体育器材和设备本身是一种教学手段,同时还具有其他功能。例如,海绵垫可以用于做前滚翻和各种体操动作,也可以作为各种动作的保护与帮助手段;篮球可以用于篮球技术的教学,也可以用于篮球接力游戏,发展学生的协调能力;排球可以用于排球技术的教学,也可以当作障碍物,让学生在有障碍的情况下完成规定动作,这些器材和设备的教学手段的开发不胜枚举。

(七)运动辅助用具

在体育教学中,还有一些教学辅助用具可以作为很好的教学手段。例如,踏跳板教学手段的使用可以帮助学生在助跑起跳之后腾空,以建立腾空的身体感知,若没有踏跳板这个教学手段,学生很难体验身体在空中的感觉。因为就一般学生而言,其身体素质与运动能力不足以充分地起跳。再如,皮筋等也是很好的教学手段。它既安全,又可代表高度可用于跳高的教学,也可用于跳远教学中的前置障碍,目的是提示学生提高腾空高度;还可以在排球教学中作为发球高度的提示手段等。还有很多自制的辅助用具,如报纸、可乐瓶、易拉罐、木棒、铁圈、毛竹条等,都是在体育教师充分发挥智慧条件下能广泛应用于体育教学的自制教学手段。

四、体育教学手段的运用

一般来说,体育教学手段是体育教师在长期实践中根据教学内容的特征,在深入分析教学方法的基础上总结出的许多丰富多彩的形式。在这里,笔者列举一些简单的例子加以说明。

(一)体育课中"多媒体"教学手段的使用

随着现代社会与科技的发展,多媒体技术在社会各界已经得到广泛的使用,学校教育中各学科的各种教学软件也应运而生,为教学提供了便捷、有效的方法。从当前的情况看,多媒体教学在学校教育的各学科中仅限于语文、数学、化学、英语等科目的实践中产生了积极效应。传统观念来看。普遍认为多媒体教学和体育课联系较少。因为体育课不是理论课，体育课存在大量的身体练习，是一门操作性很强的学科，所以，多媒体教学在体育课中的使用受到了较多质疑。的确，体育课是以室外教学为主的阳光课程，这个特点决定了它不可能像室内教学课那样大量使用多媒体教学。

笔者认为，要在体育课教学中使用大量的多媒体教学是不可取、不现实的，且背离了体育学科的本质特征，因为学生仅依赖视觉是无法掌握操作性很强的运动技能的，但完全远离多媒体教学手段也是一种极端的做法，也是不可取的。体育教师虽然无法先在教室里看完由多媒体演示的运动技术，再到操场上进行运动实践，但可以利用笔记本电脑，在学生需要观看视频时打开电脑，让学生在短时间内观看。因此，体育教师在体育课教学中不能完全排斥多媒体教学手段。现代多媒体教学手段已经基本替代了传统意义的收录机、播音机、手鼓、节拍器等教学手段，综合学生视觉、听觉、视听觉的各种内容，是一项有待开发的具有广阔发展空间的体育教学手段。

（二）体育课中"教具"教学手段的使用

"教具"是指教师在课堂教学活动中，帮助学生掌握教学内容而运用与教学内容相关的教学用具。体育课教学中使用教具和体育器材是一个普遍现象，它也是提高教学质量与效果的一种辅助材料。一般来说，教具是体育课堂教学中经常使用的一般教学用具，如篮球、排球、足球、体操垫、实心球、跳绳、跳箱、各种架子、橡皮筋等，这些教具平时都储存在器材室，供教师随时使用。当前体育教师在使用教具方面还存在较大的空间，也就是说，体育教师在平时的教学中还没有充分发挥教具资源的作用。因此，体育教师要根据具体的教材内容，充分地利用教具提高体育教学效果。教具的主要作用是激发学生的注意力，可以作为障碍，发展学生体能；可以作为限制物，帮助学生解决运动技术的问题；可以作为标志物，提醒学生的有意注意等。

颜色可以起到很好的标志提醒作用，例如，在沙地上用白色条带设置各种远度标志，学生每跳出一次新远度，就会得到教师的表扬，学生练习的积极性会提高。又如在教"高抬腿跑"时，可在跑道上按一定距离放置小体操垫，让学生做高抬腿跑过小体操垫，这样做既可以激发学生的练习兴趣，又可以使学生动作幅度更大，动作更"标准"，效果更佳，还能培养学生勇敢顽强、勇于超越自己的精神。

这些都是行之有效的标志物提醒方法，能激发学生练习的兴趣、有效提示运动技术要点，提高教学质量。

（三）体育课中"场地设备"教学手段的使用

体育教学使用的场地设备是体育教学各种活动中最基本的硬件设施，也是学校投入较大的项目。有时学校的一些场地器材经常处于闲置状。例如，由于安全因素，跳高、单双杠技巧等教材内容没人敢教，导致这些场地器材无人问津。这就是教学手段资源的浪费，体育教师应把这些场地器材运用于教学或锻炼中，发挥它们应有的价值与作用，体育教师可以安排一些支撑、悬垂、立定跳等以练习身体素质项目为主要目标的内容进行教学，也可以安排一些娱乐性的游戏，还可以利用现有的器材，如钻过单双杠、跳过沙坑、跑过小障碍场地的障碍练习。

学校现成的场地器材还有很多，例如，体育馆的墙壁、楼梯、室外活动设施等。这些现成的学校场地器材资源可以很好地利用。例如，在墙壁上画控制投掷高度的上、下限制线；利用体育馆的墙壁进行垫球练习；组织学生进行对抗投掷垒球反弹比远的比赛；组织学生进行垒球、沙包掷准比赛。另外，还可以利用学校的花台进行跳台阶素质练习；利用学校的楼道练习爬楼梯，锻炼学生的耐力；利用学校的小树林、固定体育设施进行自然的形跑，锻炼学生的心肺功能；利用肋木、平梯进行攀爬、穿越等障碍跑游戏，锻炼学生的力量等。这些都是充分利用校内场地设备资源作为良好教学手段的较好设想，也是节约体育活动财物、开发校内资源的重要举措。

五、体育创新教育的教学发展

（一）对体育教学本质特征的探讨

如果我们试图解决体育教学的问题，首先要对体育教学的本质有合理的认识，在此基础上系统分析体育教学的内外影响因素，才有可能寻找出最有效的解决途径和方法。

笔者认为，"活动性"是体育教学的本质特征。我们只有从"活动性"本质特征出发才可能梳理清楚不同历史时期和发展阶段的体育教学特征。"活动性"特征决定了体育学科内容的宽泛性、多变性和流动性，决定了体育教学的时代性，决定了体育教学必须以一种生命的形式表现，即充满"活力"，不是外在强加给学生的,而是变成学生内在的精神需求和发展源泉,为学生提供个性自由发展的空间,为学生的身体、心理的不断超越服务,为最终实现全面自由的发展而服务。我们将这种类型的体育教学称为"体育创新性教学"。它摒弃传统体育教学中学生被动参与的、观念活动与实践活动相脱离的、不完整的体育活动,以不扭曲"活动性"的本质特征为前提,在教学过程中保证学生自主参与,以学生学习兴趣和内在需要为基础,以主动探索、变革、改造为特征,以实现学生主体能力综合发展为目的。这样,学生的"体育活动"在体育教学中就成为学生真正的主体性实践活动。

(二)体育创新性教学的基本理念

1. 体育创新性教学的学生观

学生观,即人们对学生的基本认识和根本态度,是直接影响教育活动的目的、方式和效果的重要因素。就体育领域近年来发表的有关学生观的成果来看,还存在对学生天性和潜能估计不足的现象,尤其是解放自我、创造自我的天性和创造性潜能。实际上,坚持什么样的学生观,对于确定体育创新教育目的以及选择教育行为都有直接的导向作用。

学生是发展的人主要体现在以下几点。

(1)学生身心发展是有规律的,是自然性与社会性的统一

学生的身心发展是一个连续过程,同时具有阶段性特征。对学生身心发展规律性的认识是客观理解学生的基础,它客观上要求我们熟悉不同年龄阶段学生身心发展特点,并依据学生身心发展的规律和特点开展体育创新教育活动,从而有效地促进学生的身心健康发展。

(2)学生具有巨大的发展和创造潜能

相信学生的发展与创造潜能是把学生作为发展的人来认识的重要要求。脑科学研究的发展和国内外关于智力与创造力开发的探索,为此提供了大量的事实经验。在体育教育实践中,"成功体育教学"就是基于每个学生都有获得学习成功的潜能的信念,取得了全面提高学生体育素质的良好效果。

(3)学生是处于发展过程中的人

发展是与克服原有的不足和解决旧有矛盾相联系的,如果学生没有问题、缺陷以及矛盾,那就没有了发展的动力和方向。把学生作为一个发展的人来对待,

就要理解学生身上的不足，并允许学生犯错误。当然，更重要的是帮助学生解决问题、改正错误，从而不断促进学生的进步和发展。体育教学中运动技能的获得其实就是不断地弥补缺陷和解决问题的过程。只不过，我们以往忽略了它的技能培养之外的观念、态度问题，"就技术论技术"而没有拓展体育教学中学生完整和持续发展的意义。

2. 学生是个体存在的

学生是个体存在的，也就是说，学生的存在有其独特性，不管是相对于成年人还是同龄人。事实上，学生有自己独特的内心世界、精神生活和内在感受，有自己的观察、思考和解决问题的方式。因此，我们把学生视为完整的人，他们不是单纯抽象的学习者，而是有丰富个性的完整的人。在体育教育活动中，作为完整的人而存在的学生，不仅具备全部的智慧力量和人格力量，而且体验全部的教学进程。在这个进程中，学生学习并不是单纯的知识接受或技能训练，而是伴随交往、追求、选择、创造、意志努力、喜怒哀乐等的综合过程，是学生整个内心世界的全部参与。每个学生的独特性是其个性形成和完善的内在资源，也是教育努力的重要目标。珍视学生的个体性存在，真正关注学生主体性的发展，是体育工作者对学生的基本态度。

3. 确立学生主体地位

第一，体育教师要相信学生内在的创造能力，要敢于放手让学生参与教学的设计和评价，改变思想上保守观念、权威和专制作风。

第二，体育教学活动中，学生发挥自身主体性的形式多种多样，既有学习态度上的，又有学习过程中的接受、探索、训练、创新等具体行为。因为，学生在不同的任务中，不同的条件下，主体性表现各有差异，所以，体育教师要在教学中保持清醒的头脑，善于分析和辨别学生的主体性表现形式，同时使自己识别学生主体性的能力得到提高。

第三，体育教学要为完善学生的主体性的结构而服务。有研究指出，学生的主体结构包括操作系统和动力系统两个部分，操作系统主要由智力因素组成，承担着对客体的感知、概括、记忆、运用等任务，而动力系统主要由非智力因素构成，承担着激发和维护学生主体认识活动的任务。学生主体结构的发展和完善，主要是通过教育活动过程来实现的。结构决定功能，体育教学只有自觉地发展和完善学生的主体结构,才能不断提高学生的主体地位,使学生的综合能力得到发展。

第四,应进一步探索体育教学中学生的主体活动问题,如活动的类型,各种活动类型的特点和功能,如何有效建构这些主体活动等。

4. 学生是责任和权利统一的主体

现代社会中的学生在教育系统中不仅是法律上的责权主体,还是伦理上的责权主体。我国的教育界在处理学生权利的自由和限制问题上,基本是权利主义的态度。也就是说,我们的教育基本上是从有利于课堂教学以及学校管理的有效运作出发,对学生的各种权利,如财产权、交往权、隐私权等,没有明确的保护和尊重措施。另外,还有一种保姆主义现象,即学校或教师对学生承担过多的责任,包括许多不必要的责任。这直接导致学生责任意识的缺乏和学校以及教师的负担加重。从另外角度来讲,太多的责任必然导致教师或学校对学生的过分干预,压抑学生创造性发展,甚至在不知不觉中发生侵害学生权利现象。总之,体育教学在实施创新教育的过程中,既要避免权利主义,又要避免保姆主义,争取寻求一种平衡。一方面,注意区分学生个人行为与教育行为的差别;另一方面,注意区分不同年龄阶段学生的权利与责任承担问题,使学生在民主化的体育教学过程中进行探索和创造。

(三)体育创新性教学的知识观

知识观其实就是人们对知识内涵的认识,它决定了教学内容的选择。体育学科领域很少见到专门探讨体育知识观的问题,大多数只是在教育内容的探讨中稍有涉及,这方面工作的欠缺使我们在探索体育教学内容的取舍时缺乏基础理论的支撑。周登嵩、赖天德和毛振明在《学校体育教学探索》一书中探讨了我国体育教学内容与教材的存在的问题和弊端,期望为解决体育教学内容低级重复等问题提供策略性建议。周先生着重从体育文化素养的角度分析体育教学内容的取舍;赖先生提出综合考虑教材典型性、基础性、文化性、实用性、可行性五个方面的因素;毛先生则强调运动认知的获得,并提出可以从学生各种能力发展过程和学生从业以后的所需各种能力的关系中寻找解决逻辑性的办法,提出了体育教学内容可能的"生活技能设计系列""文化分类设计系列""兴趣类型设计系列""身心发展的阶段性规律设计系列"四个方面的设计理论和方法。

上述学者对体育教学内容选择的依据、评估标准等问题的分析都没有涉及体育知识观最基本的知识分类问题,学生的学与知的关系是过程与结果的关系。只有对结果有了系统、科学、具体的认识,才能在过程上下功夫来选择教学内容和进行教学设计。忽略了这一基础性环节,相应的问题解决策略可能显得抽象而缺乏和缺乏可操作性。所以,本书对体育知识的内涵和分类的探讨,为下面研究体育创新教育教学的内容选择和教学设计问题打下了基础。

1. 体育知识的内涵

我们可以从学习的观点来定义体育知识的内涵。体育知识即主体通过与环境相互作用而获得体育方面信息及其组织。被储存在个体内,即为个体的体育知识,被储存于个体外则是人类的体育知识。这种界定强调:体育知识是后天经验的产物,不包括机体由遗传而来的适应机制;体育知识获得的过程是主客体相互作用的过程;体育知识的范围广泛,从获得具体的体育信息和机体的运动认知结构根本变化,都属于体育知识的范畴。

"学"与"知"的关系是过程与结果的关系,我们关注体育知识是为了更好地关注学生的体育学习,但是体育学习的结果并不全是"知"。例如,作为体育学习结果的人的情感变化虽与"知"相关,但主要不是"知"的问题。体育知识所涉及的范围要小于体育学习涉及的范围。

2. 体育知识的分类

为了促使学生的体育学习向创新性学习转变,我们自然要涉及体育知识的分类。自20世纪80年代以来,许多认知心理学家把学生的知识概括为三大类:陈述性知识——相当于加涅所说的言语信息;程序性知识——相当于加涅所说的智慧技能;策略性知识——相当于加涅所说的认知策略。从教学设计的角度考虑,这一分类把知识、技能和智力三个概念统一起来,既包括狭义的知识观,又包括广义的知识观。狭义的知识观是指陈述性知识,广义的知识观除了狭义的知识外,还包含人们时常所说的技能(程序性知识)和尚缺乏认识但对人的智慧起决定性作用的策略性知识。因此,对体育知识的分类也可以依此标准,然后针对不同类型的体育知识特点进行体育创新性教学的设计。

六、体育创新性教学的设计

(一)设计步骤

笔者认为,体育创新性教学设计至少包括六个步骤:一是规定包含创新精神和创新能力在内的体育教学的预期目标。目标的陈述应尽可能明确、具体,尽可能用可以观察到的和可以测量的行为变化作为教学结果的指标。这就要求我们深入地、努力地总结和归纳体育学科领域学生的创新性行为的特点、规律、表现形式等,为进一步制订相关的测量标准做准备。二是确定学生起点状态,包括他们的原有知识、技能和学习动机、状态和创造力水平。三是分析学生从起点状态发展到教学预期目标应掌握的知识技能或形成的态度与行为习惯。四是考虑用什么方法和方式呈现教材并提供学习指导。五是考虑用什么方法引起学生的反应并提供反馈,如练习设计。六是考虑如何对教学结果进行科学测量和评价,尤其注意非智力因素中创新的态度、情感、意志等方面测评的综合效果。

从以上六个方面来考虑体育创新性教学的设计,对教师来说需要多方面的知识和技能。除了体育领域专业知识与技能、创造教育的知识与技能外,体育教师还需要当代认知心理学中关于学生的知识分类学方面的知识。因为体育教师利用一般学习心理学原理、体育学习心理学原理及创造心理学原理进行教学设计,首先必须对他所教的知识类型加以鉴别,也就是说,他必须确定所教的是哪类知识,他应该教哪些知识,然后才能合理地设计教学过程。

(二)对陈述性体育知识进行的创新性教学设计

1. 陈述性体育知识的解析

陈述性体育知识是指个人具有的有关体育领域是什么的知识,检查陈述性知识的行为标准是看学生能否回答"是什么"的问题。陈述性知识又分为三种形式:一是有关事物的名称或符号的知识,就是表征学习所获得的知识形式,如词汇学习。二是简单命题知识或事实知识。例如,学习"中国的国球是乒乓球"这样的单个命题,所获得的意义即这种知识,也就是命题学习所获得的知识形式。三是有意义的命题的综合知识,即经过组合的言语信息。例如,陈述中国国家足球队屡次冲击世界杯失利的原因所需要的就是这类知识。现代认知心理学认为,知识必须以一定的形式在人的认知结构中进行表征才能储存。一般认为陈述性知识主要以命题形式在头脑中表征,命题通过句子来表达,并形成命题网络结构形式储存在头脑中。陈述性知识还有一种储存形式就是表象。

当然,体育知识的储存不是目的,储存的形式应该便于提取和回忆,而提取的关键在于编码。心理学家佩维奥提出,人的记忆可以采用语义编码,也可以采用形象编码。体育领域中的多数陈述性知识由于可以进行语义与形象的双重编码而比较牢固地保持。

2. 设计策略

在根据陈述性的体育知识特征进行创新性教学设计时,首先,应确定教学目标是学生回忆知识的能力。检查这种能力的方法比较简单,要求学生口头或书面陈述学到的知识,即可证明他们是否具备这种能力。其次,教师应考虑如何帮助学生掌握这种知识,这是教学设计的重点。我们说这种知识的检查方法比较简单,并不等于说只让学生死记硬背。因为,陈述性的知识是符号或词语表达的意义,而不是词句本身。意义的获得必然经过有意义的学习过程,也就是我们平时所说的知识的理解过程。"言语学习理论"和"生成学习理论"都是阐明知识理解的过程和条件的理论。两个理论都强调知识的理解过程是新知识与认知结构中原有的有关知识建立联系并发生相互作用的过程。要使这一过程顺利进行,教学设计必须考虑学生自身条件,如他们的学习动机、原有知识状况和学习习惯;还要考虑学生自身以外的条件,包括教材呈现方式、直观教具的使用、提问和反馈方式等。

总之,由于陈述性体育知识的储存和提取的关键是编码,其教学设计必须以知识的理解为核心。教师的实践是在教学设计中,让学生对教材中诸多术语和命题进行讨论,并充分利用多种情境假设,使学生明白自己的学习目标,通过教师的教学过程的深入,学生为达成目标而不断努力。

3. 对程序性体育知识进行的创新性教学设计

(1) 程序性体育知识的解析

程序性知识是个人具有的"怎么办"的知识。例如,学生能够指出自己或者同伴技术的优势和缺点,以及自发地组织体育活动等。学生能够正确和顺利地完成这些事情,我们可以做出他们获得了相应的程序性知识或智慧技能的推论。关于程序性知识的类型,按加涅的说法是:辨别、概念、规则和高级规则;按 J. R. 安德森的说法是模式识别和动作序列。模式识别就是对事物分类,实际是概念的应用;动作序列就是根据符号进行一系列运算或操作,也就是规则应用。可见,程序性知识主要涉及概念和规则的应用。

体育创新性教学的一个关键问题就是如何使学生的陈述性体育知识转化为

程序性体育知识,同时不压抑学生的创造性发展。但并不是所有的陈述性知识都能转化为程序性知识,例如,体育中的人名、具体事实的知识等是不可能转化为技能的,能够转化的主要是概念和规则。体育领域高度熟练的技能产生的内在条件主要是由于各个项目的程序性知识在头脑中形成表征的单个因子构成了网络系统,这个系统随着充分的练习而不断地演进,系统的单个因子以控制流形式自动地、系列地发生。运动员的上述系统不断地与环境进行交换,自动激活运动员一系列的动作,其意识控制程度降低。例如,运动员在比赛中的技战术行动往往是瞬间的抉择,无法多加思考。

(2)设计策略

根据体育领域程序性知识的特点,教师在进行创新性教学设计时,应确定教学目标是概念和规则的应用能力,例如,球员对一般战术原则的实战应用以及贯彻教练战术安排的实践能力。要检验这种能力,不是看学生能从我们这里学到了什么,而是看学生在面对各种必须应用学过的概念与规则的情境时,能否顺利进行思维和实践操作;能否根据自己所学的某种体育项目技术的特点结合学过的技术分类的原理,来分析自己和同伴的技术动作的缺陷、优点,可以陈述技术之间的差别;学生能否依据学过的裁判法和规则精神合理地执法体育比赛等。只有看到学生顺利地运用规则办事,我们才能认可他掌握了程序性知识。

在教学方法设计上,应让学生理解概念或规则,这点与陈述性知识的教学设计是相同的。不同的是,程序性知识必须经过充分的训练才能获得。各类体育项目的技能训练就是使运动员获得程序性知识。而体育的专门技能与其他行业一样,高超的技能必须经过相当长时间的训练。

总之,程序性体育知识的创新性教学设计必须以实践应用为核心。例如,教学内容是有关的战术概念,练习时应该注意正反例子的运用。及时对学生练习中的正反例子组织学生分析讨论,也可以引导学生与多媒体课件中的模型进行对比。正面的例子有助于概括和迁移,但也可能导致泛化。呈现反面例子有助于辨别,使概念精确。规则也有正反例子,教师应引导学生将新学习的规则广泛应用于新情境中,做到一见到适当的条件,便能立即做出反应,提高其实践应用能力。当然,这种反应可以是内部的,也可以是外显的。对于那些系列较长的程序性知识教学,还要考虑练习时间安排的集中与分散问题、部分与整体的关系等。

4. 对策略性体育知识进行的创新性教学设计

(1)策略性体育知识的解析

策略性的知识也是回答"怎么办"的问题的知识。例如,学生们在观察一场比赛时,他们如何控制自己的注意力呢？学生们参加长跑比赛时如何分配体力呢？让学生自由分组练习及学生带操等。根据实际观察,学生面对这样的问题,在陈述性知识具备的情况下,有些学生显得聪明灵活、敢于创新、随机应变,有些学生则显得笨拙、不能应变。心理学家认为,学生在学习或认知活动方面的这种差异是由他们的策略性知识决定的。策略性知识也是一种程序性知识,不过,一般程序性知识所处理的对象是客观事物,而策略性知识所处理的对象是个人自身的认知活动。国外的研究表明,策略性知识也需要由陈述性知识转化为程序性知识。例如,目前体育领域流行的对运动员进行心理调控策略训练,首先向运动员解释心理调控策略(陈述性知识),然后告诉他们在什么时候运用(运用条件的知识,属陈述性的知识),再训练他们知道怎样运用(程序性知识)。研究与实践均表明,经过训练的运动员,心理调控能力明显提高。由此看来,策略性知识必须经过控制流系统才能储存。

(2)设计策略

根据策略性知识的特点进行体育创新性教学设计有三个重点工作：一是在体育课程中加入认知策略训练的内容,包括创造性思维训练。二是教师进行教学策略方面的知识学习和技能训练,尤其是"创造性教学策略"。当前的体育教师大多数不知道如何向学生去解释策略。例如,策略活动是一种内在的思维活动,怎样使这种活动让学生感知并学习呢？这就需要训练教师善于描述内在思维,帮助学生进行形象性、创造性想象。三是尽量通过各种方式和渠道来认识学生的元认知。因为,学生的元认知发展制约着策略教学。

由于体育领域缺乏对儿童的认知策略研究的关注,上述三个方面的实践还需要体育教育理论工作者与实际工作者长期共同的努力,不过现阶段,体育教师还是能够有所作为的。他们在进行教学设计时,要明确地陈述学生在"一般性学习"与"创新性学习"方面的目标。另外,他们还需要进行创造性思维策略的教学。由于许多策略是相互联系、综合运用的,高级策略的检验和教学都较为困难。不过,实践过程中,教师尽量可以为学生提供丰富、多样的探索和创造机会,以便他们获得探索、创造经验。

第二节 现代教育技术手段的发展

现代教育技术在高等教育中的运用越来越广泛,但对于现代教育技术的教学理论及其发展还有待研究。本节将对现代教育技术的定义、教学理论以及在体育教学中的运用进行阐述。

一、现代教育技术的定义与内涵

(一)现代教育技术的定义

美国教育传播与技术协会于1994年提出教育技术的新定义,再次引起了一场关于我国教育技术发展与定位的大讨论。我国教育界认为"电化教育"就是中国的教育技术,电化教育指的是运用现代教育媒体,并与传统教育媒体恰当结合,传递教育信息,以实现教育最优化。但随着教育的发展和对教育技术认识的深入,"电化教育"一词已不能准确概括教育技术的内涵和外延,不能满足现代教育发展的需要。具体体现在:电化教育注重媒体论,媒体论的不足在于缺乏系统方法。因为教育是一个大系统,不但包括电化教育中研究的媒体,还包括教师、学生、教学内容等要素,单纯研究媒体的运用,不可能实现教育的最优化;电化教育中对媒体的定义是指第四次教育革命后产生的媒体,列举中未提及第五次信息革命出现的多媒体计算机及网络技术、虚拟现实等数字信息技术;不便于国际学术交流。对于前两个问题,我国专家又提出电化教育的新定义,即电化教育就是在现代教育思想、理论的指导下,主要运用现代教育技术开展教育活动,以实现教育过程的最优化。

1. 教育技术

美国教育传播与技术协会(AECT)于1994年对教育技术的新定义为:"教育技术是对学习过程和学习资源进行设计、开发、运用、管理和评价的理论与实践。"明确概括了教育技术的研究对象是学习过程和学习资源。综合以上分析,得出教育技术的三个基本特性:一是教育技术就是应用高科技的方法来分析和解决人类学习问题的过程,其目标是追求教育品质的最优化。二是教育技术分为有形技术和无形技术两大类,有形技术是指利用自然科学、工程技术学的成果,把物化形态的技术应用于教育以提高教学效率的技术。无形技术主要指利用教育学、心理学、系统科学、传播学等方面的成果以优化教育过程的技术。三是教育技术依靠开发、利用所有学习资源来达到教育目的。学习资源主要分为信息、人员、材料、设备、技巧和环境。这些资源主要来自两个方面,一方面是专门为了学习的目的而设计出来的资源;另一方面是现实世界中原有的可被利用的资源。

2. 现代教育技术

现代教育技术与教育技术名称不同在于现代教育技术加上了"现代"二字,其目的是吸收现代科技成果和系统思维方法,使教育技术更具时代特色,更加科学化、系统化。要弄清它的概念,我们必须先弄清"现代"的含义。中文关于"现代"的解释是:现在这个时代。英文解释有两种:一是"modern"译为:近代的,现代的;现代风格的,新式的;现行的,时髦的。二是"contemporary"译为:发生,存在;生存或产生于同一时期;同一瞬间发生的;自始至终同时存在的;源出同一时代的;当代的或仿佛当代的,现时的。可见,人们对"现代"这个词的理解不同,对现代教育技术的理解也不同,归纳起来,主要有两种:一种是指现在新出现的教育技术,与之对应的是传统教育技术,这种理解强调对传统的革新;另一种是指现在正在使用的教育技术,它包括传统教育技术和新出现的教育技术。

学生可以节省抄笔记、模拟情境等时间。一方面,现代教育技术的引进提高了课堂教学效率。然而从另一方面来看,先进的教学手段如果使用得不够合理,就会让教师成了幻灯片放映员,学生成了图片观赏者。过度地使用多媒体课件很可能会分散学生的注意力,使学生忽略那些隐藏在视听享受中的知识点。不仅如此,先进的技术还可能使教师和学生产生一种惰性,过分地依赖现代教育技术手段造成不合理的滥用。因此,单单地把现代教育技术看作一种技术手段而忽略它的教学理念,必然会使应用过程产生偏差。现代教育技术是一门理论与实践相结合的科学,是集优良传统经验与现代科技于一体的科学。只有把先进的教育技术与科学的教学理念相结合,传统教学的优势与现代教育技术相结合才能产生一种全新的教学模式,从根本上改变我国高等教育的落后局面。

(二)现代教育技术概念的区别与联系

1. 教育技术与电化教育

电化教育最有代表性的意义是:根据教育理论运用现代教育媒体,与传统教学媒体相结合,有目的地传递教育信息,充分发挥多重感官功能以实现最优化的教育活动。从中可以得出这样的定义,电化教育实质上是一种以视听设备为主的媒体技术,主要研究在教学过程中如何使用先进的多媒体技术,以达到最优化的教学目的。

与教育技术的定义相比,电化教育与现代教育技术在概念范围、研究层次、探讨的深度和广度方面都有一定的差别。总而言之,教育技术是指解决教学问题中所运用的教学理念、媒体技术、教学手段等。因此,我们不能单纯地把电化教育看作教育技术之外的学科,也不能说电化教育就是教育技术。我们应该说电化教育是教育技术中的一部分,从研究的范围和深度来看,"教育技术"一词更符合国际研究和交流的实际情况。

2. 教育技术与教学技术

现代教育技术把先进的教学手段带进了课堂,多媒体、语音教室、计算机网络等技术的使用改变了以往教师独唱主角的教学模式。学生通过自身的视觉、听觉、触觉等更为直观的方式进行学习,更加有利于对抽象化教学内容的理解。不仅如此,现代化的教学手段为教师和学生提供了巨大便利,教师可以节省设计板书、写板书、解释晦涩的抽象概念等的时间,从字面意思看出,教育技术比教学技术的范围更广,教学只是教育中的一项内容。因此,教学技术是教育技术的下属概念,是教育技术在教学过程中应用的术语。准确地讲,教学技术是教育技术在教学过程中所运用的教学手段,如语音设备、多媒体技术、计算机网络技术等,以及与课程相关的内容、课件的收集及开发制作技术。

教育技术的应用范围很广,它包括宏观和微观两个层次。宏观层次是指教育与外部环境的关系,如教育与需求的协调问题,外部环境对教育是何种要求;目前的教育程度与要求的差距在哪儿;教育要平衡发展需要的人力、物力、财力等方面怎样配合,资源如何实现合理配置等。微观层次指的是在优化教学成果、提高教学效率、深化教育改革、发展素质教育等方面要使用的教学资源、模式以及手段,以及合理应用这些手段的观念,还有如何对这些资源进行配置、管理和评价。

二、现代教育技术在高等教育中应用的理论基础

(一)系统理论

系统科学是指系统论、控制论、信息论,它们既相互区别,又相互渗透、相互联系,统称为"旧三论",从中提炼出来的系统科学的基本原理对教学技能的训练和应用起到指导作用。

1. 系统论

系统论是研究系统的模式、原则和规律,并对其功能进行数据描述的一门科学。系统是指由相互联系、相互作用的一些要素结合而成的,并具有一定特殊功能的有机整体。它可以同外界进行物质与能量的交换以保持系统有序、平衡。系统方法是按照事物本身的系统性把对象放在系统的形式中加以考察的方法,它侧重于系统的整体性分析,从组成系统的各要素之间的关系和相互作用中去发现系统的规律,从而指明解决复杂系统问题的一般步骤、程序和方法。系统论的创始人是奥地利理论哲学家和生物学家贝塔朗菲,他于1947年发表的《一般系统论》标志着系统论的产生,他认为,系统是相互作用的若干元素的复合体。其中最重要的要素便是"组织联系",这种联系一方面是各个部分的信息渠道,另一方面是它们动态作用的结果。系统论中的系统是指一个要研究和处理的对象,对象不同系统所涵盖的范围也不一样,大到地球、国家,小到机器、分子都可以看作一个系统。系统按性质大致分为五类:自然系统、社会系统、思想系统、人工系统和复合系统,教育技术就属于一种人工系统。系统是普遍存在的,我们认识系统的目的就是更好地认识和改造自然和社会,解决实际存在的一些问题。所谓的"系统工程",就是指利用系统理论的基本原理创立起来的重要工程技术门类。一方面,重视系统的发展变化和系统内部各子系统的相互关系,并注重系统整体的功能;另一方面,它注重系统数量的精确度,进行定量研究和定量管理。系统论具有整体性、全面性、结构层次性、相关性、动态平衡性和综合与分析统一的特点,它能反映现代科学整体化和综合化的发展趋势,是控制论、信息论的重要理论基础,也是解决现代社会中政治、经济、科学和教育等各类复杂问题的方法论基础。

2. 信息论

信息论是研究信息的本质,并用数学方法研究信息的计量、传递、变换和存储的一门学科。所谓信息,是指人们在适应外部环境时与外界相互影响、相互作用的内容的总称。也就是说,信息是事物存在的方式和运动的状态,以及对这种方式或状态的直接或间接的表述。信息并不是事物本身,而是事物的表象,事物存在过程中发出的消息、情报、指令等包含的内容。信息具有可识别、可转换、可再生、可储存、可复制、可处理、可传递等几方面特征。信息论的诞生和发展是社会的需要,雷达的发明、电子管的使用、计算机和通信技术的飞速发展是信息论的催化剂。

3. 控制论

自从1948年诺伯特·维纳所著《控制论:或关于在动物和机器中控制和通信的科学》出版以来,控制论的思想和方法几乎渗透到所有的自然科学和社会科学领域。维纳把控制论看作一门研究机器、生命社会中控制和通信的一般规律的科学,更具体地说,是研究动态系统在变的环境条件下如何保持平衡状态或稳定状态的科学。"控制"的定义是:为了"改善"某个或某些受控对象的功能或发展,需要获得并使用信息,以这种信息为基础而选出的,于该对象上的作用,就叫作控制。由此可见,控制的基础是信息,一切信息的传递都是为了控制,进而任何控制又都依赖于信息反馈来实现。信息反馈是控制论的一个极其重要的概念。换言之,信息反馈就是指由控制系统把信息输送出去,又把其作用结果返送回来,并对信息的再输出产生影响,起到控制的作用,以达到预期效果。

系统论、信息论、控制论从总体上深刻地揭示了事物运动的特性和规律,它不仅适应现代科学技术发展的客观要求,而且对科技的进步、社会的发展都会产生巨大的推动力,对人类进一步认识和改造世界有深远影响。系统科学的理论和方法对教育技术学的形成有重要影响。系统科学已经被广泛应用于教育各个领域、各个学科,逐渐出现了以信息论为基础的"教育传播学",以控制论为基础的"教育控制学",以系统论为基础的"教育系统学","三论"在教育技术上的综合应用已经发展为目前的"教育技术学"。以系统科学为指导,从总体上把握高等教育和教育技术的发展规律,研究教育信息传播的规律,研究为达到教育目的而对教育内容和技术系统控制的规律,最终都是为了实现教育现代化和教育的最优化目标。

(二)教学理论

教学理论是研究如何组织教学过程中的各种要素,使教学达到最优化的理论。教学过程是指教师教学与学生学习的过程,学习有学习理论,教学当然也离不开教学理论,教学理论是一门研究教学客观规律的科学。从17世纪30年代夸美纽斯发表的《大教学论》,到20世纪30年代斯金纳的程序教学理论、布鲁姆的教育目标分类理论、"掌握学习"理论和形成性评价理论、加涅的信息加工理论,再到20世纪后半叶奥苏贝尔的先行组织者理论,这一系列理论都对教育技术产生了重要影响。在教育全面现代化的环境下,教学技能的发展研究是教学理论的重要组成部分,而与建构主义学习理论密切相关的现代主义课程观,对广泛利用现代教育技术组织教学具有重大意义。现代教育技术要求我们形成与之相适应的教学形式,这种形式要从以"教师为主体"的教学向"以学生为主体"的教学转变。在课堂上,教师要引导学生利用先进技术手段,发挥主观学习意识,结合自身的思考独立地解决问题。

(三)学习理论

学习理论是探究人类学习本质及其形成机制的心理学理论。它重点研究学习的性质、过程、动机、方法和策略。学习理论主要包括行为主义学习理论和认知主义学习理论等。

行为主义学习理论主张研究人类的外显的反应。早期的行为主义心理学认为,学习是在刺激情景(S)与有机体的反应(R)之间建立联结的过程。学习的结果表现为特定刺激与特定反应之间联结(表述为 S-R)的建立。这种观点,支持了视听教学中用媒体不断呈现信息来推动教学的模式发展。认知主义学习理论认为,学习是由有机体积极主动地形成新的完整的认知结构的过程,是复杂的内部心理加工的过程。学习的结果是形成反映事物整体联系与关系的认知结构,目的性、过去的经验、背景知识和智力水平等对学习的影响非常重要。

以信息加工理论为主的认知心理学在20世纪50年代后期占据了心理学主流地位,对教学理论与技术有很大的影响,媒体教学应用从强调设置重复的信息呈现发展到通过精心设计学习工具,以此来影响学生内部的信息加工过程。认知心理学的主要问题是,它的分析单元是个体脑内部的心理活动。然而在20世纪 80 年代以后,传统认知科学的两个目标受到质疑:其一,试图将复杂行为还原为一连串的简单行为;其二,在说明信息加工的神经机制时,试图将人类思维还原为神经生理学。这使它容易忽视学习发生的社会因素与活动情境影响,忽略学习过程中对于个人来说非常重要的主观差异。建构主义产生的心理学基础是认识主义心理学内部的反思,当代建构主义者则融合了皮亚杰自我建构和维果斯基社会建构的观念,并有机地运用到学习理论中,在此基础上提出了"意义建构",主要观点有:学习是学习者主动地利用感觉吸收并建构意义的活动过程,是学习者同外部世界相互作用的过程;学习是一种社会性活动,学习者同他人的交流起着非常重要的作用,人际间的会话与协调是产生学习结果的重要因素;学习是在一定情境中发生的,不能离开实际生活而在头脑中抽象出虚无的、孤立的事实和理论;学习的发生要借助先前的知识,在一定资源和工具支持下进行。

(四)视听教育理论

20 世纪 30—50 年代,视听手段相继被引入教学领域,人们从视觉教育和听觉教育的研究逐步转向众多视听媒体的综合应用研究。其中比较著名的是戴尔在 20 世纪 40 年代所概括的"经验之塔"理论。戴尔的"经验之塔"理论把人类的学习经验分为直接经验、替代经验和抽象经验三大类,并按抽象程度分为十个层次。它对现代教育技术的指导作用可以概括为:一是"经验之塔"最底层的经验是最直接最具体的经验,越往上层越趋于抽象。但并不是说获得任何经验都必须经过从下到上的阶梯。也不是说下一层经验比上一层经验更有用,划分阶层,只是说明各种经验的具体与抽象的程度。二是教育应从具体经验入手,逐步过渡到抽象。有效的学习方法应是首先给予学生丰富的具体经验。只让学生强制性地记忆概念和法则,而没有具体的经验做后盾,教育的目的是不会达到的。三是教育不能停滞在获取具体经验的阶段,而必须向抽象化阶段过渡,把具体经验普遍化,并且上升到概念,只有概念清晰了才可以指导实践。四是在教育教学中,应该尽量为学生提供各种教育手段以使知识更加具体化、直观化,从而提供更深刻的直接经验来获取更好的抽象经验。五是位于"经验之塔"中层的视听教具,它比语言、抽象符号更能为学生提供具体、易于理解的经验,它打破了时空的限制,能弥补学生直接经验的不足。

戴尔的"经验之塔"理论对视听教育的发展起着重要的推动作用,视听教育理论阐明了视听教育的规律及各种视听教育媒体在学习中的地位和作用,对我们如何开发和利用教育媒体具有重要的指导意义。

现代教育技术应用的理论基础是重点内容,有了准确完善的理论做指导才能使我们在研究应用过程中事半功倍。因此,要对应用的理论基础有准确深刻的认识,才能使其在高等教育中发挥出更大作用。

三、研究性体育课程的多媒体教学手段

现代信息技术的发展加快了教育技术的发展步伐,多媒体和高速智能化网络的综合应用将成为各个学科教学的发展方向。研究性体育课程寻求多媒体教学技术支持将是未来的发展目标。根据认知工具理论,借助外部的认知工具可使学习者的思维活动外化,有利于高级思维的教学监控;同时合理设计和使用的外部认识工具能激活认知和元认知策略,从而促进反省思维。显然,新兴的多媒体教学技术提供的专业数据库软件、数据分析处理软件等可成为理想的认知工具。研究性体育课程的信息发展以多媒体教学技术的综合应用为主要特征,而综合应用的前提是以现代教育技术理论与实践为指导进行课程和教学设计。

(一)研究性体育课程多媒体教学手段的特征

研究性体育课程的多媒体教学模式以建构主义的认知工具理论为基础,具有以下关键特征:

1. 要求学生承担研究任务,并从自己参与的研究中学习

所谓"自己参与"是相对于传统教学中学生旁观者的角色而言的。例如,学生研究体育领域中的科学问题与他们阅读这些问题的材料、听有关讲座、完成操练作业是不同的,但是它并不等于学生必须动手操作。因为体育学科的活动性和实践性特征对学生的科学研究活动产生诸多限制,譬如,与高水平运动训练紧密相关的运动人体科学、运动心理学等科学研究活动对于学生来说难度较高。另外,科学研究还意味着用事实来支持观点、信念,传统的经验主义立场认为事实是自我表达的内容,这就很容易造成一种错觉,即科学研究仅是通过观察和实验或其他途径积累信息;该教学手段主张用事实支持思想而绝非用事实来代替思想,学生开始提出创新观点和思路,再围绕思路开始搜集、整理信息,信息的针对性、连贯性和认识深度同样也是学生创新素质和认知水平的体现。

2. 合理使用多媒体教学技术

体育科研也是一种具有很强针对性和连贯性的整体探究活动。保证这一过程整体性的就是连续的思考,通过演绎或推理对连续关系的揭示和强调,也就是杜威反复强调的反省思维。体育教师在学生进行体育科学探究过程中引入多媒体教学技术,以不打断连贯的研究活动尤其是思想过程为前提。多媒体技术是体育科学探究的推进器,而不是干扰器,学生根据自己的思路对问题连续关系的探究行为不应该因某种技术的引入而中断或转移。多媒体教学技术在该教学手段中的作用在于帮助学生使研究的问题更明晰、探究行为更易发生,促进高级思维活动。作为认知工具,学生借助它可以更灵巧、有效地工作。同时,工具在熟练者手中会更有效,因此要求学生不仅需要了解并掌握工具,更需要熟练运用工具。总之,多媒体教学技术不能削弱或危及体育研究性课程的探究特质。

(二)研究性体育课程中多媒体教学手段的实施策略

从目前研究和教学实践来看,在研究性体育课程中实施多媒体教学没有现成的参考示例。但是本研究具有前瞻性,探讨在研究性体育课程中实施多媒体教学需要注意的实施策略。

1. 选定合适的研究主题

进行多媒体教学涉及各种媒体信息的采集和处理工具的支持研究,这种教学手段虽然与内容无关,但是研究主题的选定必须满足一定的条件才能真正具有教育意义。所以,教师应选定基于探究、能自然地整合各种研究工具的主题,而且还要满足以下条件:满足学生发展的需要和兴趣,即对于学生而言是有意义的;应足够宽泛以便学生能形成具体的个人(小组)研究方向;应反映社会问题和科学逻辑,使学生能从体育课程与研究主题相关的体验中学习。符合这些条件的研究主题一般是从体育课程的核心内容和目标中衍生出来的、与学生密切相关的、具有一定的挑战性且需要长时间集中精力工作的跨学科任务。

2. 保证研究的科学性

研究的科学性不仅反映在采用的方法上、从事研究的科学态度里,还反映在研究的最后"产品"——研究报告中。这要求教师在学生研究方向确定后,把握好提供的一系列研究指导的"度"——帮助学生采用类似专业人员的研究方法，而决不越俎代庖、粗暴地干预学生自主探索的研究进程，不片面追求所谓"唯一正确"的结果而抹杀"求真"的科学精神。对于以运动人体科学之类的体育科学与自然科学的交叉科学为主题的"硬科学"研究项目来说尤为如此。由于"硬科学"一般存在一个可预测的结论，教师不应将之强加给学生。相反地，当预期结果不能出现时，应引导学生反思以揭示某些看似微不足道的因素对最终结论的影响。对于一些以体育社会学为主题的"软科学"的项目来说，教师应确保学生研究的自由度，重点关注他们的方法、途径、策略、观点的创新度。研究报告的科学性体现在：数据的可视化演示、对科技文献要点的关注、对不同发表形式间差异的关注、完整的研究文档。

3.合理确定教师的作用和任务

教师在教学过程中必须始终进行密切的教学监督，例如，和学生就研究的问题、困难、解决办法、现有发现等进行讨论，使研究框架、所需的资源和术语明晰，帮助学生建立适当的研究策略模型。随着研究的推进，教师还应鼓励学生采用通用的应用软件，如数据采集软件、数据库软件、文字处理软件、图形处理软件、编程软件等，科学地处理数据、收集数据、分析数据、解释数据之间的关系，形成关于个人项目的一些观点，并最终撰写和提交研究报告。此外，研究的科学性并不是一个绝对的概念，可考虑学生年龄、研究能力的递增而逐渐降低项目中"趣味性""竞争性"等激励动机因素，逐渐向更严肃、更科学、更合乎专业人员工作方式的方向转变，从而逐步提升教学方案的"科学性"。

向学生提供使用各种多媒体信息工具的指导。例如，信息搜集工具（光盘、在线专业数据库、搜索引擎等）的使用方法、计算机建模方法、数据处理（最优化的编程方法）、智能模拟等。这种技术上的支持和指导是该教学手段的基本组成部分，随着研究的展开，学生必须借助相应的工具。教师既可以采用集体讲授、班级练习的方法向全班引入某种新技术，也可以在学生需要的时候进行个别辅导。

4.学生心理能量的激发和维持

体育活动的趣味性特征和体育科学研究活动均能激发学生内在动机，但在研究过程中保持动机和兴趣，对于学生来说尚有困难，应在实践中实行针对性策略来激发和维持学生的心理能量：举办定期论文研讨会、成果展览会，为学生提供成果发表的机会和支持,物质上和精神上同时激励。同时,为学生的科研成果向实践转化提供帮助,鼓励学生进行深入的实践研究。举办科技发明讲座、设立体育创新特别奖和科研转化基金。我们也可以进一步通过舆论宣传向学生提出明确的挑战,使他们富有责任感,在完成开放性研究项目过程中不至于失去方向而一无所获。"成功"既是最好的报偿和奖励,也是最好的导师。

(三)面临的主要问题

1. 研究性体育课程无法在体育教学中大规模展开

研究性体育课程不可能囊括全部体育文化成果。因此,核心课程与体育研究性课程内容的关系,以及核心课程如何采取这种多媒体教学手段与传统教学有机结合是必须解决的问题。

2. 教师继续教育的问题

这种教学手段必然面临教师控制力减弱的困难,而在传统的结构化体育教学中是不存在的。研究主题多与学生密切相关,研究进程难以预测,教师不仅要提供技术上的支持,还要帮助学生克服随时可能遇到的困难,因而对教师的要求更高。这就要求必须科学、合理地安排教师的继续教育问题,使教师的包括信息素养在内的专业素养得到持续提升。

3. 欠缺具体的、具有可操作性的设计方法和实践经验欠缺

如何巧妙地设计课程使之既具有智力上的挑战性、不超过学生能力发展范围,又能渐次引入多媒体教学技术,如何保证各研究项目按一定的序列前后承接,具有发展性等一些课程教学设计中的具体问题都有待解决。

第三节 现代化教学手段在高校体育教学中的应用

将现代化技术运用到课堂教学中是一种正在尝试的教学手段,但体育教学与其他学科的教学有明显的不同,体育教学更加侧重实践教学,但是在信息技术的发展下,体育教学也开始运用多媒体进行教学。本节将介绍我国多媒体教学在高校中的应用以及在体育教学中的应用。

一、国内现代教育技术在高等教育中的应用方法

(一)多媒体课件的开发和使用

教学的多媒体课件是基于计算机技术,并与软件开发技术相结合,根据教学目标的要求,包含大量多媒体信息、教学内容、生动形象的教学系统。该项目的发展主要是基于国家和学校的重视和计算机知识的进一步普及,多媒体课件是目前高等教育主要应用的现代化教育手段。目前,我国高等院校的多媒体教室普及率已经达到了百分之百,应用多媒体的课程也达到了百分之八十以上。尽管我国在课件开发方面与发达国家相比起步较晚,但目前由于形势的需要,发展迅速。

1. 运用多媒体课件的优点

(1)信息量大、速度快、课堂效率提高

多媒体教学系统能够及时提供教学信息,为教学提供充足的内容。在互动中及时测定、评价学生的学习情况,提供即时的反馈和强化。教师在课堂上节省了大量用于板书和描述情境的时间,在有限的课堂时间尽可能多地讲授知识,学生节省了对抽象概念构造和联想的时间,大幅提高了教学效率。

(2)使教学内容与形式多样化

现代教育技术的使用实现了教学形式的多样化,教师不仅可以在课堂上使用计算机网络、多媒体技术、广播电视等,还可以通过网络与媒体等与学生和其他同行进行多种形式的交流和互动,及时地解答学生提出的问题;学生也可以根据学习需要上网搜索信息、观看网络教学音像视频,使学习突破课堂时间和授课地点的局限。

(3)有利于实现个别化教育

高等教育培养的是多样化人才,由于所学专业的不同和自身水平的差距,高等教育不同于初级教育的群体式教学方式。为了更好地发挥学生的特长,高等教育实现个别化教育,除了专业的个别化教育之外,还有个人的个别化教育。当然,由于我国高等教育师生比例的失调,一对一的个别化教育难以实现。由于现代教育技术带来了计算机网络媒体技术,学生可以在网上学习更多自己感兴趣的知识,并针对学习中的问题及时与教师进行交流互动,解决疑难问题,丰富所

见所闻，不断将自己的知识面横向与纵向延伸，成为时代所需要的复合型人才。

(4)有利于开展研究性学习

高等教育积极倡导提高学生的研究学习能力和独立创新能力，我国目前正处于改革与发展的关键期，具有创新科研能力的人才是促进科技发展的关键。高等教育承担着培养最高水平科研人员的重任，因此，在现代化建设方面必须走在时代前沿。计算机多媒体的应用使学生更方便地掌握当前的研究信息，提供了更多独立操作的机会，有助于提高独立发现问题、分析问题和解决问题的能力，为学生进行探索性、研究性学习提供了良好的条件。

2.网上多媒体教材的发展与教学应用

随着计算机处理信息能力的不断提高，人们对计算机产生了更多的依赖，对计算机网络以及网络间的数据传输能力提出了高要求。网络的发展势必对传统的教育形式提出严峻挑战。终身教育和自娱教育将成为教育、教学概念的主体。同时计算机技术及其相关技术的发展，尤其是多媒体技术、网络通信技术为多媒体网络教育提供了有力的物质保障。南国农教授指出："远程教育是现代教育传播技术和学习理论、教育理论、传播理论相互综合发展，应社会需求而产生的一种新型的教育模式。"在这种教育模式中，教师与学生之间的物质实体相互分离，以学生为中心，运用现代传播媒体技术来传递和反馈教育信息，以求最大的教学效益。网上多媒体教材具有多媒体化、资源全球化、学习自主化、不受时空限制等特点。同时除了考虑多媒体教材的基本性能和结构，更强调软件的横向联系，注意内容选择上的共性，使之真正实现教育资源的网络化。

(二)网络应用和网络教学

随着科技的发展，网络教育的应用已成为现代教育技术在教育方面重要的应用。根据当前形势的发展，网络教育的使用是高等教育发展的必然趋势，因为越来越多的大学生通过网络接受信息。所谓网络教育，即在网络环境下，以现代教育思想和学习理论为指导，充分发挥网络的各种教育功能和丰富的网络教育资源优势，向受教育者和学习者提供一种网络教和学的环境，传递数字化内容，开展以学习者为中心的非面授教育活动。

网络教育是远程教育的现代化表现，远程教育是一种非同时同地进行教育的形式。迄今为止，远程教育经历了三代历程：传统的远程教育、广播电视远程教育和网络教育。传统的远程教育首指函授、刊授教育。最早的函授教育起源于 1840 年的英国,当时英国速记法发明人伊萨克·皮特曼通过邮寄方式教速记,教育界一般认为这便是世界函授教育的开端。广播电视远程教育起步于 21 世纪 60 年代,近 20 年来网络教育发展迅猛。网络教育是伴随着计算机网络的产生而出现的教学形式,目前大多数高校都已建成了以光纤为主干的校园网,并接入互联网,为学校提高教育技术应用水平提供了良好的基础条件。教师可以根据自身的需要便利地检索各种信息,掌握先进技术。学生也可以通过互联网进行网上学习、网上选课、网上测评等,并通过互联网及时地了解学校的最新动态。

目前,校园网资源多数用于信息的搜索和交流层面,学生没有形成统一协调的网络应用。个别学校也在网络上进行教案管理、教务管理、选课、排课等,但多数还是用于信息的交流和沟通。网络教学只是个别行为,并未形成完善的网上教学系统。

(三)计算机辅助测试

在传统的教学中,教师为了准备一个测验,要考虑到学生的实际学习情况;测试的范围和试题的难度,是否能达到评价学生程度的要求;测试的时间长度如何才最符合要求、题型的构成是否科学。基于这些考虑,教师开始从被选择的测验题目中,构成单独问题或成组的问题。一般情况下,构成一个测验对教师来说是一种手工处理方式。对于每一个新的测验,不同类型的教师,都要从头开始重复整个过程。为了减少准备过程,教师年复一年地保存测验题目。现如今,计算机辅助测验的构成与传统测验的构成是一样的,但整个过程得到相当大的简化和改进。计算机能够按要求随机构成试卷,无论是题型的搭配、分值的分配,还是时间的确定,都是十分精确的。

测验发送过程作为一个独立的系统,必须包括测验构成和题库,只是题库中的题目可少些。这种独立系统适用于课程的单元测验。如果有足够多的计算机终端系统可以使用,则可以通过终端对学生进行测验,这样做的优点有:一是计算机具有强大的数据系统,可以把大量的试题存储在极小的空间中,节省了传统的试题保存空间。而且可以根据要求迅速搜索想要的试题信息,节省了人力和物力。二是因为计算机系统能支持在线测试,学生可直接上机答题,这样又避免了打印试卷的费用,在线答题可以节省教师发卷、收卷的时间。三是通过计算机辅助测试可以更快速地给出标准答案,而且判卷既快又准,节省了大量的教师判卷时间。

目前已经有很多大型的水平考试都使用计算机辅助测试系统。例如,计算机等级考试、普通话考试等。日常计算机测试练习可以有效地避免考试的紧张感。

但是,计算机辅助测试也有很多缺陷,主观题的判断存在一定的不公平,例如,考试中计算出现故障容易影响考试的公平,不能根据学生答题的情况判断知识掌握的程度等。目前,不断发展的计算机辅助测试系统正在逐步地改善这些问题。

(四)试题库应用

各高校目前比较重视试题库建设,普遍地建立了课程试题库。海量的试题信息存储为教师和学生的使用提供了便利条件,但也存在一些不足,主要体现在:一是各学校之间的发展情况不均衡。有的学校对全部课程包括基础课和专业课建立了试题库,也有的学校仅有少数课程建立了试题库,总体情况是应用程度良莠不齐。二是形式内容比较单一,绝大多数试题库都是收集以往的题目,以组卷的形式出题,学生在长期的使用过程中会逐步摸索规律,达不到测试的目的。三是题目更新不迅速,试题类型比较陈旧,不能紧跟教学重点的转移而更新。

(五)网络信息资源的应用

目前,关于信息资源的含义存在不同的解释。但归纳起来主要有两种:一种是狭义的理解,认为信息资源就是指文献资源和数据资源或各种信息的集合,主要包括文字、声像、电子信息、数据库等,这都是限于信息本身的特点。广义的理解认为,信息资源是信息活动中各种要素的总称,它既包含信息本身,也包含信息相关的人员、设备、技术和资金等各种资源。在高等教育中目前运用较多的是狭义的理解。当今科技发展一日千里,由于学习和研究的需要,我们要尽可能多地了解专业发展的情况。信息就是当今世界最宝贵的财富,谁掌握了信息谁就获得了发展的先机。高等学校早已意识到了这一点,为了方便教师和学生对信息资源的使用,多数高校出资建立了数字化图书馆、网络资源平台、交流平台等。

不仅如此,今天研究的学术问题越来越需要探讨和交流,不仅要加强各个学校之间的联系,有些时候还要进行国际间的合作,发达的计算机网络为这样的互动提供了方便。随着学生对信息量要求的增大,一个更广泛、更便利的交流平台必将被建立起来。

二、现代化教学手段在体育教学中的优势与发展

21世纪是一个高度国际化、科学化、多元化的知识经济时代,如何满足时代要求培养具有创新精神和实践能力的创新型人才已成为备受瞩目的一个课题。随着教育现代化步伐的加快,计算机技术已走进校门,进入体育课堂。计算机集文字、图形、图像、视频等多媒体于一体,是一种全新的教学手段。把多媒体教学引入体育课堂,可以将教学过程与娱乐融为一体,通过直观、形象、生动的感官刺激,使学生产生一种身临其境的感觉,达到培养学生获得知识信息的能力、创造性思维能力及创新实施能力的目的,从而完善学校体育创新教育。

(一)现代化教学手段对传统体育教学模式的冲击

随着现代科学技术的发展,传统的体育课堂教学模式不可避免地受到冲击,必然会被现代的教学技术所取代。采用现代化的教学手段能使教学内容由平面到立体,由静态到运动,由文字到声音图像,将极大地提高课堂教学的主动性和趣味性,充分调动学生的学习热情。计算机和多媒体教学的运用,又可以使体育课堂教学发生深刻变化,它可以培养学生主动获取知识、运用知识和处理知识的能力,还可以创造超时空的课堂,带来的是教学领域突破性的变革。

1. 传统体育教学手段的不足

从多年的教学实践来看,传统的体育教学手段有三个不利因素影响体育教学。

第一,教师的年龄、特长和喜好影响教学内容的选择。每个体育教师在具体安排教学时,总是把自己喜欢、擅长的内容安排得较多,而对自己不喜欢、不擅长的内容安排得很少或完全不安排。长此以往,学生学习兴趣不断下降,没有兴趣,没有创造性想象,也就没有探索与创新,势必影响学生创新精神的发展,这种现象在传统体育教学模式中是普遍存在的。

第二,动作技术难示范影响教学进程。在体育教材中有很多腾空、高速、翻

转的技术动作,示范难度大,学生很难建立一个完整的动作表象,这也是传统体育教学模式中的一个难题。

第三,传统的教学手段不利于学生的身心健康发展。传统的体育课教学模式单一,程序化多、灵活性差、机械呆板、枯燥无味,造成学生学习情绪低落,制约了体育课对学生心理健康的疏导作用,不利于学生心理健康发展。

2.现代化体育教学手段的优势

在体育教学中合理地运用现代化教育技术,对于优化教学情境、激发学生的学习兴趣、调动学生学习的积极性并且对于突出教学重点、突破教学难点有事半功倍之效。在体育教学中,多媒体教学手段犹如一座架设在学生和体育知识技能之间不可替代的桥梁,起着举足轻重的作用。

第一,运用多媒体能有效地激发和调动学生的学习兴趣。多媒体可将一些枯燥的教学内容和一般传统教学所不能达到的艺术效果,有机地结合、创作,使原本单调、平淡的课堂教学变得十分新奇、巧妙和生动,从而激发学生的创新意识和调动学生学习体育的浓厚兴趣。

第二,运用多媒体,能有效地影响学生多方面的智力因素。教师在制作多媒体课件时,恰当引入一些动画、录像,以启发学生由眼前的景象联系生活实际想象可能发生的变化,从而加深对眼前景象的认识,培养学生的创造性思维。

第三,运用多媒体,能有效地提高技能课的授课质量。教师利用多媒体向学生讲解动作原理和生理基础,把学生对动作的感性认识提高到理性认识。同时制作课件的过程也加深了教师对各项技术的理解和认识,提高自身的知识水平和讲解技术要领的能力,从而使整个技能课的授课质量实现质的飞跃。

(二)现代化的教学手段在体育创新教育中的运用途径

体育创新教育,即结合体育教学规律,根据有关创造性发展的原理,运用科学性、艺术性的教学方法,培养学生的创造意识、创造能力和健康个性。它是培养创造性人才的一种新型教学方法。在体育教学中实施创新教育就要结合现代化的教学手段对现行的传统体育教学模式进行创造式改革。

1.多媒体教学与传统体育教学相结合

现代体育教学方法由两部分组成:一部分是普通教育系统,另一部分是媒体教学系统。这就说明传统教学手段和多媒体组合教学手段在整个教学过程中无高低之分,多媒体组合教学作为一种新的、有效的教学手段,虽然有许多优点,能弥补传统体育教学中的不少缺陷,但并不是样样都优于传统体育教学手段,它也有自身的缺陷,需依靠传统的教学手段来弥补。合理选择和运用现代教学媒体,并与传统教学手段有机组合,共同参与教学全过程,以多种媒体信息作用于学生,形成科学的体育教学过程,培养学生的创新精神、创新能力。

2. 体育教师转变教学观念,提高现代化教学仪器的操作能力

多媒体教学是否能成为体育教学的重要教学手段的关键因素是体育教师的信息素质。体育教师由于客观原因往往对计算机接触的不多,不习惯利用多媒体进行授课,如感觉多媒体授课与他们平时所用的教学手段有所出入,认为多媒体教学是其他学科的教学手段。然而事实证明,通过多媒体辅助教学往往比教师的示范讲解更直观、更生动、更易被学生接受。运用多媒体技术一方面可以提高学生的学习兴趣,使学生易学易懂,印象深刻;另一方面能够促进学生运用科学的方法主动进行身体练习。因此,体育教师需加强对自己信息素质的培养,尽快提高现代化教学仪器的操作能力。

3. 充分利用现代化教学仪器,激发学生的学习兴趣

体育教师可以利用理论课的空间,课前做好充分准备,了解和分析学生的兴趣爱好,结合实际,有的放矢。通过多媒体手段将教材的知识性、趣味性、思想性融为一体,全面刺激人体各器官,能使学生轻松愉快地接受信息,避免呆板的讲解和空洞的说教。讲课应重点突出、语言简洁、图文并茂、生动形象,充分调动学生学习的积极性,培养学生的创新意识,为实践技能课的模仿和练习打下坚实的基础。

4. 合理利用现代化教学课件,优化体育课教学环境

传统的体育教学存在着理论课知识较抽象,文字、材料、插图单调,实践课动作技术强、结构复杂,学生理解吃力,模仿不得要领等问题。现在,教师可以利用多媒体把理论和实践知识创造性地制成投影片,并与视频中的部分镜头有机结合起来,形成完整技术动作;通过慢镜头或定格的方式逐渐展现在学生面前,逐次讲解各个分解动作,抓住重点,讲深、讲透,让学生在屏幕上清楚地看到所需掌握动作的技术要领,增强理解深度,激发学生对喜爱的优秀运动员、运动项目模仿学习的兴趣。通过多媒体创设教学环境,以动静结合、声像合一的形式,使学

生从感性认识上升到理性认识,再用理性认识指导实践,从而有效地调节教学结构,使课堂教学的创造性、实践性、趣味性、应用性得到进一步加强,学生学习获得事半功倍的效果。

总之,我们需要突破传统教学模式、解放思想、拓宽思路,让创新精神走进体育课堂。体育教师应积极地掌握多媒体制作技能,以此来弥补传统教学手段的不足,从而实现体育教学的现代化。现代化教学手段虽然不能作为体育教学的主要手段,但只有发挥现代化教学手段的优势,正视现代化教学手段的实用价值,才能合理、正确地实施创新教育,促进体育创新教育的发展。

第六章
新时代高校体育教学评价体系完善与创新

体育教学评价是体育教学体系的一个重要内容,科学的体育教学评价能给予体育教学工作者以客观全面的体育教学反馈,有助于体育教学工作者充分了解体育教学过程实施与体育教学效果之间的内在联系。结合教学问题反馈、分析与解决,对体育教学过程中各教学要素的优化调整,进一步促进体育教学过程的完善和体育教学效果的优化。

第一节 体育教学评价概述

一、体育教学评价的概念与分类

(一)体育教学评价的概念

体育教学评价是体育教学系统的重要构成,是体育教学活动的重要组成部分之一,具有重要的地位和作用。鉴于对体育教学评价的重要性认识,国内外许多学者都重视对体育教学评价的研究,因此关于体育教学评价,有许多不同的概念描述。笔者认为,体育教学评价是一种价值判断,评价的对象包括教师的"教"与学生的"学"两个方面,体育教学评价既要重视对过程的评价,也要重视对结果的评价。

(二)体育教学评价的分类

按照不同的分类标准,教学评价可分成不同的种类,具体分类如表6-1所示。

表 6-1 体育教学评价分类

分类标准	体育教学评价类型	
评价基准	绝对评价	判断是否能达成预期目标,不评价水平
	相对评价	判断个体在群体中所处的位置(成绩的优劣)
	个体评价	对个体的过去、现在或不同侧面作纵横比较
评价内容	过程评价	对达成教学目标的方法和手段进行评价
	结果评价	对教学活动实施后的效果进行评价
评价方法	定性评价	进行"质"的分析,做出定性描述
	定量评价	进行"量"的分析,做出定量结论的评价
评价功能	诊断性评价	在教学活动开展前进行,对学生情况进行摸底,判断学生是否具有可实现教学目标的条件
	形成性评价	教学过程中,为达到更好的效果而不断进行的评价
	总结性评价	教学活动结束后,教师从整体教学出发,对教学内容和效果进行评价
评价目的	选拔性、评价	综合性、选拔性评价
	甄别性评价	判断个体在群体中的位置和个体的特殊能力水平
	发展性评价	发现优点,有针对性的鼓励性评价
评价者	教师评价、学生评价、校领导评价、家长评价、学者评价等	

二、体育教学评价的特点

(一)动态性

体育教学的开放性、动态发展,决定了体育教学评价的动态性特征。

体育教学过程是一个动态的过程,体育教学活动的开展受多种因素的影响,在体育教学过程中,体育教学中的教师、学生以及体育教学体系的各构成要素时刻都在发生各种各样的变化,充满了不确定性。因此,体育教学评价不能是一次性的、单一的、某一阶段的评价,必须随着体育教学的开展过程不断做出新的评价,可见,这是一个关注师生发展、教学发展的动态评价。

（二）多元性

体育教学评价的多元性表现如下。

1. 评价主体的多元性

科学的体育教学评价主体应是多个而非一个。传统体育教学评价中，教师是学生体育学习的评价主体，教师一人执行学生的体育学习评价并做出最终结果评价。这种评价存在的弊端在于教师面临的学生众多，很难做到对每一个学生全面客观地了解，而且教师对所有学生在短时间内集中做出评价，工作量大，受到主观因素的影响容易产生工作倦怠，可能导致评价的不客观、不公正。现代体育教学中的科学教学评价要求评价主体多元化，从不同的角度和方面对同一个人做出评价，以教师评价为主，重视教师评价、学生互评、学生自评的有机结合，以及其他评价主体的评价，这种多元性的评价更加客观、平等、公平、公正、全面。

2. 评价方法的多元性

新的教学思想和观点更加重视学生在体育教学中的主体地位，要求教师重视学生的发展，只有这样才能真正促进体育教学的改革与进步。因此，对于学生的评价应是多方面的，在体育教学评价中，应尽可能多地选用适合教学评价的方法，以对学生的体育学习的评价为例，不仅要重视对学生学习效果的评价，还要关注学生的学习过程、技能掌握情况、学习态度、体育意识、意志品质的养成等。总之，评价要涉及方方面面。评价者应熟悉了解各种评价方法的适用情境、优势和缺点，以便在体育教学评价中能灵活、准确地应用，使体育教学评价更加高效、合理。通过不同的教学评价方法来更好地反映学生在体育学习中不同方面的学习过程、结果，以获得更多、更全面的学生学习信息。

3. 评价标准的多元性

通过多元化的评价标准对学生的体育学习做出不同层次、级别的评价，以便更加全面地掌握学生的体育学习信息，通过多个不同标准的评价描述，使评价更加精准。

（三）过程性

教学实践表明，单纯重视教学结果的评价并不能真正反映教师的"教"和学生的"学"的情况,针对评价对象的"教"或"学"的评价不应该只注重结果,否则不能反映教师与学生的态度和自我教学的进步。教学评价的过程性体现了体育教学评价的科学性,因此,应该关注评价对象的"教"或"学"的过程,这也是教学评价重视教学过程评价的原因。

阶段性的、一次性的评价结果是整个学习过程的综合反映,但是很难完全客观地反映每一个学生在体育学习中的进步程度,不同的评价对象之间存在个体差异,可能导致结果性评价是一样的,体现出结果性评价的局限性。体育教学评价,应关注学生在体育学习过程中的进步过程,促进每一个学生都有所发展的体育教学就是科学的体育教学,针对学生的体育教学评价应关注学习过程。

(四)多样性

多样性的评价是专指体育教学方法的多样性选择。对于体育教学来说,学生的学习态度、学习进度、学习成果等表现在多个方面,只使用一个教学评价方法不可能把学生多方面的表现与进步都进行充分评价,为了使评价更客观,应选用多个评价方法进行综合性、全方位评价。

教学评价内容与方法的多样性是相互对应的,具体来说,针对不同的评价内容应选择相应的评价方法,如此才能使学生的体育学习全方位地呈现出来,使评价更全面,对学生的了解更全面、更深入。

在新时期的体育教学课程改革大背景下,体育教学关注师生在体育教学中的共同发展与进步,对学生、对教师的评价要求更加注重评价的多样性,包括评价内容、评价方法、评价主体等各方面,更多、更全的评价才有可能是更科学的评价,才能更加真切地反映学生的"学"、教师的"教"的真实情况。

(五)发展性

体育教学评价的发展性主要表现在以下三个方面。

第一,体育教学评价旨在促进学生、教师、体育教学的全面发展与进步,体育教学评价的发展性,就是指体育教学评价应重视对评价对象的发展进行评价,关注被评价者的进步性。传统体育教学忽视了学生个人的体育发展需要和学生的健康,教师只重视运动技能的传授,直接导致体育教学的训练化,在教学评价中只重视学生技能掌握程度变化,忽视了学生的体育兴趣、态度、能力以及情感等方面的发展。新时期,"以人为本""健康第一"等新的体育教学思想和观念明确指出,体育教学的目的是培养符合社会发展需要的人才,多元教育的价值也被越来越多的体育教学工作者所认识到,要求评价者应重视学生发展、重视教师发展,而非某一方面的发展。

第二,现代体育教学评价重视教学评价对象——学生和教师的长期发展,而不是某一次课、某一学期的教学中的发展,教学评价的长期发展性评价标准使得整个体育教学不过分注重某一阶段的师生发展不足,而更关注师生的长期可持续发展。

第三,教学评价方法、方式与内容、标准也在不断发展与进步。教学评价本身的发展可以使针对不同对象的体育教学评价更加科学。

三、体育教学评价体系的构成与构建

(一)体育教学评价体系的构成

1. 评价目的

体育教学评价体系是一个多对象、多因素的复杂系统,评价对象不同,目的不同。

评价目的是评价的依据、是评价的出发点,分析与选择评价目的是构建科学体育教学评价体系的重要环节。因此,教师在开始进行教学评价前,首先必须有一个准确、具体的目的。

2. 评价对象

评价对象是体育教学评价体系的重要构成要素之一,没有评价对象的评价体系显然是不完整的。

从体育教学活动参与者的角度来讲,体育教学评价面向四个方面的评价。

"教"的方面:教师"教"的过程、"教"的结果。

"学"的方面:学生"学"的过程、"学"的结果。

通过对体育教学本质的分析,整个体育教学评价的对象可以结合教学主体——教师与学生及其活动——教与学,共同构成如图6-1所示的教学评价对象体系。

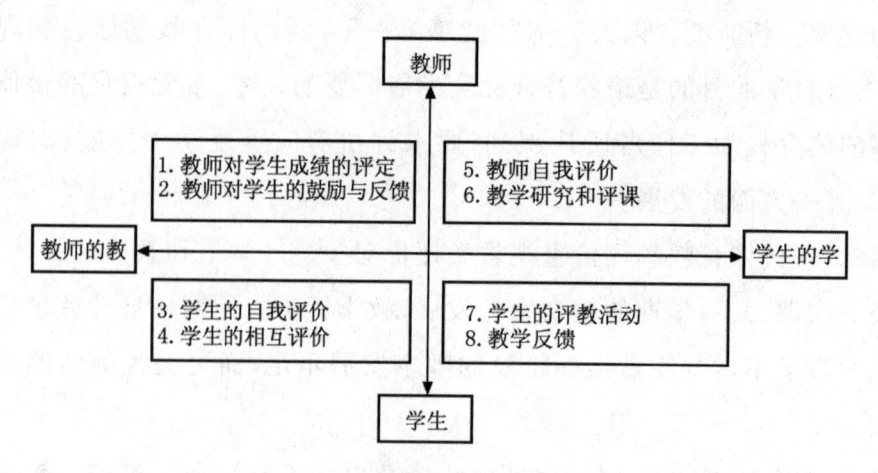

```
                           教师
                            ↑
   ┌─────────────────────┐  ┌─────────────────────┐
   │ 1.教师对学生成绩的评定 │  │ 5.教师自我评价      │
   │ 2.教师对学生的鼓励与反馈│  │ 6.教学研究和评课    │
   └─────────────────────┘  └─────────────────────┘
教师的教 ←─────────────────────────────────────→ 学生的学
   ┌─────────────────────┐  ┌─────────────────────┐
   │ 3.学生的自我评价     │  │ 7.学生的评教活动    │
   │ 4.学生的相互评价     │  │ 8.教学反馈          │
   └─────────────────────┘  └─────────────────────┘
                            ↓
                           学生
```

图 6-1　教学评价对象体系

在体育教学评价体系中,对评价对象的确定受体育教学客观规律的制约,具体来说,体育教学评价智能选择体育教学活动中的一个或多个对象,绝对"全面"的评价是不可能的,教学评价不可能一次涉及多个方面。

3．评价主体

所谓评价主体,是指参与评价,对评价对象进行评价并做出评价总结的人或机构。

在体育教学评价中,评价主体是多元化的,参与体育教学的主要活动者和体育教育教学工作者、研究者都可以成为评价主体,如教师、教学管理者、学者、管理人员、学生、有时家长也作为评价主体对师生进行教学评价。要成为体育教学评价主体,就必须具备体育教学评价的能力,了解教学评价的重要性与意义,做好评价信息收集工作,客观、全面做出评价。

4．评价内容

评价内容,也就是评价的指标体系。

在体育教学评价体系中,明确评价内容(指标体系)是非常重要的一个环节,也是评价者应重点研究的问题。从整个体育教学评价研究来看,教学评价内容也是当前完善体育教学评价体系迫切需要解决的问题。

任何一门学科的教学,包括体育教学,在各个时期都对教学所培养的人才有不同的要求,因此,教学评价内容也就必然反映时代发展要求和社会发展需要。

针对不同的评价目标可以选择不同的评价内容,并确定评价指标,如了解学生体能素质发展的各个生理指标检测,了解学生学习态度的出勤率、作业质量等。

5. 评价方法

体育教学评价方法包括教育评价和心理测量的所有方法,它具有层次性,可进行多角度分类并根据实际评价需要进行选择。评价方法是否合理将直接影响评价效果。

6. 评价管理

评价管理是评价系统的重要构成要素,但也是容易被忽视的要素,实际上,评价管理将对整个评价操作产生重要影响,评价管理包括与评价有关的各种政策、条例和制度,对评价主体、评价过程具有思想教育和规范作用。在体育教学评价体系中,要确保整个评价体系的完善,需要明确、规范、有效的评价管理来充分调动各种评价因素,促进评价工作的顺利开展与实施。宏观方面,现阶段我国关于教育、教学评价的法规制度起步较晚,在很多方面还存在诸多问题,阻碍体育教学的发展,需要不断完善。

(二)体育教学评价体系的构建

体育教学评价体系的构建是一个严谨、系统的过程,这里对体育教学评价体系构建的原则进行重点分析。

1. 客观性原则

从宏观角度来说,体育教学评价应遵循客观理论和教学发展规律,任何内容与形式的体育教学评价都不能以个人的意志为标准来设置教学评价体系,体育教学评价体系应在科学评价理论的指导下,结合我国客观体育教学现状构建。

从评价主体角度来说,评价主体是人,人的思想和行为难免受到主观或他人感情的影响,所得出的结论或多或少都带有一定的主观意识,要尽量做到客观。

体育教学评价的客观性原则:评价标准客观,避免随意性。评价方法客观,避免偶然性。评价态度客观,避免主观性。

2. 科学性原则

要实现科学评价,构建科学的教学评价体系是前提,构建教学评价体系的每一个过程和环节都应该做到科学合理。

构建科学体育教学评价体系,要坚持科学性原则:以科学为依据,明确评价目标、标准；避免过度主观，评价方法、程序要科学；教学评价包括教与学两个方面，这两个方面的评价必须做到有机结合与统一，并充分体现教学目标与基本要求，在此进程上展开评价；教学评价方法应科学，评价者应掌握和灵活使用最新的、最能充分统计和概括评价结果的统计方法与测量手段，以获得真实有效的信息；科学选用评价工具。

3. 全面性原则

构建体育教学评价体系应坚持全面性原则。教学评价应全面，否则就不能真实反映教学系统的整个过程与效果，而且这样的评价也是毫无意义的评价。因此，全面性原则是教学评价的重要原则之一。

体育教学系统复杂，要实现整个体育教学评价体系的科学性与系统性，就要统筹兼顾各个方面，关注到评价体系各要素多元的、多样的、发展的、动态的，以及相互之间的关系，因此，构建体育教学评价必须全面。

体育教学评价中应遵循全面性原则：一是多角度评价。二是全方位评价。教学评价需要多元化的评价指标，以全面了解评价对象信息。三是评价明辨主次、轻重。四是综合运用多种评价方法。多种类教学方法的综合评价，如此才能做出全面、正确的评价。

4. 可比性原则

从某种意义上来说，教学评价过程也是一个比较的过程。体育教学评价体系的构建必须具备可比性，具体要求评价结束之后应有一个具体结论。

构建体育教学评价，评价并非目的，通过评价发现差距、不足进而改进才是目的，评价体系构建应突出的特点：关注评价的横向比较；关注评价的纵向比较；通过比较发现问题、及时改进。

5. 导向性原则

体育教学评价体系要能指导体育教学工作的发展并促进体育教学活动开展，推动教学发展。

新时期，学校体育教学不断发展，通过教学评价，不仅是得出评价结论就结束评价工作这么简单，重要的是发现教学中的问题、教学中需要改进的地方，并提出科学化建议与对策，不断优化教学过程，提高教学质量和水平。

体育教学评价过程中，对具体效果和行为做出评价并改进是最基本的教学目的,但不能仅仅停留在就事论事方面,而应把评价和指导有机结合起来,为以后完善教学提供启发、指导。体育教学评价应遵循指导性原则:①在一定数量与体育教学评价相关资料的基础上进行评价,避免缺乏根据的随意评价。②及时反馈教学评价信息,评价结果要准确描述,指导方向要明确。③评价结果应具有启发性,能为以后的教学活动开展、教学发展进步提供思考。

第二节 体育教师教学质量评价

一、体育教师教学质量评价内容

在体育教学过程中,教学效果与教学任务的完成具有密切联系,针对体育教师的体育教学效果进行评价,是对体育教师的最重要评价。针对体育教师教学质量的评价,应关注教师教学中的各教学要素的合理控制,具体如下。

(一)体育教学思想的贯彻落实

教育教学思想对教学实践具有重要的指导作用。在体育教学组织与实施过程中,体育教师一定要坚持最新的体育教学思想("健康第一""以人为本""终身体育"),并在教学实践中落实,这是现代体育教学的基本要求,也是体育教师对自我体育教学进行评价的一个重要内容。

(二)体育教学课程标准的制订

体育教师在评价自我教学时,应专门针对自身的体育教学是否符合体育课程标准进行评价,具体评价:是否达成学习目标。是否符合课程标准要求。是否全面完成教学任务。

(三)体育教学各要素的搭配与实现

1. 教学内容选用

是否体现思想品德教育;是否与教学目标相符;是否体现最新的教学思想与理念;是否科学安排、全面落实。

2. 教学方法选用

选择是否与教学目标、内容、特点相符。是否与学生的身心特点相符。是否有利于促进学生学习的开展与持续进行。对教师、学生是否具有启发性。是否有利于学生知识的掌握与技能的提高。是否有利于学生创新意识与能力的培养。

3. 教学手段选用

是否有利于教学活动生动、具体、直观地开展；是否有助于提高教学效果、学习效率等。

4. 教学技能实施

讲解是否准确、规范、简洁。专业术语和口语运用是否正确。示范动作是否正确、优美。是否妥当处理教学意外。

(四)体育教学任务的完成情况

在体育教学中,教学效果与教学任务的完成具有密切联系,针对体育教师的体育教学效果评价,评价重点在于教师在体育教学过程中是否完成了一定的工作内容:教师是否完成了教学任务;是否有利于调动学生的学习积极性与主动性;学生是否完成了学习任务;是否培养了学生的体育学习与锻炼习惯;是否培养了学生的良好品质与完善性格。

二、体育教师教学质量评价类型

(一)教师自评

教师自评,评价者和被评价者都是教师自己。体育教师的教学自我评价是一种自我认识、自我教育、自我提高的评价。体育教师的自我评价的最大优势在于,体育教师作为课堂教学活动的直接组织者和实施者,最清楚整个教学过程,因此能得到第一手的教学反馈资料,教学评价更加直接、快速。在实际的体育教学评价工作中,体育教师对自身体育课堂教学情况的评价是多方面的,不仅包括每次教学课的评价,还包括各季度、各学期的体育教学评价,持续的教学自我评价有助于教师的自我成长。

体育教师的教学质量自评的科学化实施要求包括:教师应具有良好的自省能力,能通过评价发现问题,并进行针对性教学反思。教师自评的教学跨度是较大的,从每次教学课的评价开始,坚持定期或不定期的阶段评价与反省,不断完善教学技能、技巧。针对一次课的评价,体育教师自评的主要评价内容集中在教学能力和教学效果的评价方面。

(二)教师互评

教师互评,评价者和被评价者的身份都是体育教师,彼此是同行关系。体育教师的教学互评主要是通过参与听课来实现的,评价是在听课过程中和结束后随堂提交评价结果。教师互评与教师自评的具体内容基本相似,只是评价主体不同,教师之间的互评能有效实现教学评价的专业性,因为一线教师对体育教学的需求、要求更加熟悉,教师的互评还有助于同行之间相互学习、共同进步。但是需要特别指出的是,由于评价者与被评价者彼此是同行、同事,评价结果难免会掺杂一定的感情成分,教学评价难以实现绝对的客观性。

为避免主观情感因素的干扰,体育教师互评要求包括:从教学具体环节入手,定性评价与定量评价相结合。用公认的等级和分数进行评价,力求客观、准确。采用"公开课"或"评议课"的形式进行。评价者应熟悉体育教学业务、了解教学发展、改革新形势。教师自评与教师互评结合进行。

在体育教学互评中,为了避免个人情感性的评价描述,同时为了实现评价的高效性、可量化,通常采用教学评价量表进行教师课堂听课互评。

(三)学生评价

学生评价,评价者是学生,被评价者是体育教师。在体育教学的双边教学活动中,学生是其中非常重要的一边。学生对体育教师的教学情况最有发言权,因此,让学生作为评价者的体育教学评价是一种重要的体育的教学评价方式,评价意义重大。

通过学生对体育教师的教学评价,能给予体育教师最直接的体育教学反馈。对于教师改进教学过程与效果具有促进作用,不仅有助于师生和谐关系的建立,还有助于教师充分了解学生学习中存在的各种问题,以便及时解决。

体育教师教学质量的学生评价具体实施方法包括:座谈法,教师随堂和在课后询问学生感受,调查问卷,《体育教学质量评价表》。

(四)领导评价

领导评价,评价者是学校领导,主要包括主管体育教学的相关领导,也可以是其他校领导。在体育教学质量的评价类型中,领导评价是一种重要形式,它属于实质性的评价,对体育教师的职业地位、声誉、收入等具有直接的关系与影响,因此,评价者和被评价者都比较重视。

对比分析来看,相对于教师的自评和教师互评,领导评价具有一定的缺陷性。具体表现在:一些领导并非体育专业教师,对体育教学的需求、要求、标准等缺乏了解,教师在课堂教学中的一些特殊安排可能被误解或者注意不到,因此,领导评价缺乏教学评价的体育专业性和专项性,可能造成教学质量的误判。针对体育教学的领导评价,为了实现体育教学评价的客观与公正,通常要求领导评价仅作为参考,结合多个教学评价主体和评价类型进行综合评价。

(五)学者评价

学者评价,其中的学者,主要是指从事体育专业研究方面的学者和教育教学研究方面的学者。体育教学评价中,学者评价能更好地从专业角度对教师的体育教学活动开展情况进行评价,尤其是针对教学中某一环节和片段的质量和效果有针对性地进行分析,但是由于学者不是一线教师,对体育教学的开放性和复杂性体会不深,因此,从整体上对教学做出全面的判断也存在一定的难度。对体育教师的体育教学质量评价,应综合上述几种类型互为补充地开展与实施评价。

第三节 学生学习效果评价

一、学生学习效果评价内容

新时期,体育教学重视学生的全面发展,除了对学生的体育知识、技能掌握的笔试和实操考核评价,还包括对学生的心理能力社会性发展的评价。针对学生在体育学习过程中的评价,具体应结合体育教学目标,对学生的一些学习效果进行评价。

(一)体育知识

为了更全面地评价学生的学习效果,对学生达成多领域学习目标的情况进行评价,经常通过考试方法对学生的体育知识掌握情况进行评价,具体评价内容包括:学生对体育与健康的认识;对体育多元价值的认识;对体育知识的掌握和运用情况。

针对学生的体育知识掌握情况,可以通过口试和笔试两种方法进行教学评价,前者采用课堂提问或专题答辩的形式进行;后者通过考试答题进行,可以采用开卷和闭卷两种形式。

(二)体育技能

在我国高校体育不同的运动项目教学中,《体育教学大纲》对学生应该掌握和达到的技能标准有不同的要求,教师应结合《体育教学大纲》的具体要求对学生进行测评,具体测评方法如下。

1. 技术评定

根据学生完成技战术动作的质量进行评分。考核前按动作结构和配合过程,把所要考核的技术、战术分为若干个环节,根据各个环节完成情况予以评分。评分标准可采用10分制、百分制或等级制,最后转换为学生实际的分数。

2. 达标测试

根据学生完成技术动作的速度准确性,按一定的要求制订评分表进行测试。达标测试适用于单个技术动作、组合技术的考核,可单独采用,也可与技评结合使用。

(三)体能素质

高校大学生的体能素质测评应结合学生的性别、年龄,从事专项特点等多方面进行综合考虑,测评应包括三方面内容:学生一般身体素质发展的评价。具体可参考《国家学生体质健康标准》等有关锻炼评分标准;从事某项运动的专项身体素质发展的评价;素质全面发展的评价。

(四)心理素质

通过对学生的心理素质发展情况、体育学习效果和程度的了解进行评价。具体评价内容包括:学生能否战胜自卑和胆怯心理,对体育学习充满自信;是否具备良好的意志品质,能不畏艰辛、坚持不懈;是否具备良好的心理调节能力。

(五)社会适应能力

高校对学生社会适应能力的评价内容包括:①学生能否理解和尊重他人,具有竞争意识,又善于合作。②学生是否具有责任感,如遵守规则、全力以赴、能与他人很好地交换意见。③学生的发现、分析、探索能力,是否能认真分析失败原因等。

(六)学习态度

高校对学生学习态度的评价内容包括:学生是否具有体育学习与参与的浓厚兴趣;能否坚持体育锻炼;能否全身心投入体育学习与体育锻炼;能否尊重教师、认真接受指导。

对学生的学习态度评价旨在了解通过体育教学能否促进学生养成体育锻炼的意识和习惯。

二、学生学习效果评价类型

(一)教师评价

教师对学生体育学习效果的评价包括课堂、学期、学年等评价形式,具体评价内容包括学生的学习表现、知识掌握、身体素质和运动能力提高、运动技能和技巧发展等。

(二)学生自评

学生自评,具体是指学生对自身学习情况的一种综合性评价,它有助于提高学生体育学习中的"自省"能力,有助于学生探索性的学习。

体育教学中,学生对自我体育学习情况的自我评价包括多方面的内容(学习目标、参与程度、体育意识、意志精神等),评价过程中,可以由学校制订评价标准,也可以让学生自己确定评价的标准(目标回顾、成绩对比、行为规范)。结合体育学习的任务与目标,学生可以在体能、技能、体育参与、情感发展等方面对自我体育学习效果进行评价。

(三)学生互评

学生作为体育教学的重要参与者,在体育教学环境中是非常重要的一员,学生的体育学习离不开其他同伴的支持、帮助,因此,同学之间的体育学习评价也具有一定的参考价值。

具体来说,学生的体育学习需要个体努力,也需要其他学生的配合,如集体性体育项目技能的学习、战术实施等。学生之间的关系与师生关系不同,学生与学生接触的时间更多,彼此之间有更多了解,因此,学生互评能为教师进一步完善体育教学提供更多角度与层面的信息参考。

学生在体育学习评价中由于对体育理论、技能理解具有一定的局限性,对学习目标认识的不足等问题,可能导致学生相互评价的片面、浅显和多情感性描述。因此,在学生的互评中,教师应给予科学的引导和指导,以更加客观、深入、全面地实现学生对同学的体育学习评价。

(四)家长评价

学校体育教学旨在促进学生发展,而家长是最关心子女健康发展的,在体育教学评价中,家长对学生的体育学习评价是非常重要的一部分内容,能为学校体育教学提供来自家长的学生详细体育学习信息以及关于体育教学的意见和建议,有利于促进体育教学评价体系的完善。

第四节 体育教学评价体系的创新、发展与完善

一、体育教学评价的发展趋势

(一)科学化发展

体育教学评价的重要参考价值就在于其能科学反映体育教学的质量、效果,能给予师生良好的教学反馈来进一步完善教学。因此,体育教学评价将在体育教学中继续扮演重要角色和发挥重要作用,体育教学评价将更加科学化,这是发挥体育教学评价价值的重要前提。

就体育教学评价体系的构建来说,体育教学评价方法、内容、标准、主体等的选择和确定都应有一定的科学依据,体育教学评价应遵循体育教学的客观规律,以实现对不同教学对象、教学效果的科学评价。例如,每个年级教学任务有所不同,教师要做出整体教学评价,还应结合每个学生做出针对性评价;各年级的评价体系不一致,还要做好阶段性评价。无论针对何种对象的评价、如何实施评价,都应当注重科学性,如此才能提高教学的质量和教学效果。

(二)创新性发展

随着现代体育教学改革中对体育教学评价的重视,关于体育教学评价的相

关研究越来越多,不断有新的体育教学评价方法与标准被提出。这些新的体育教学评价方法与标准的执行,为进一步完善体育教学评价体系,反映体育教学过程和效果做出了贡献,有利于促进整个体育教学的发展,创新是体育教学评价的重要发展趋势。

(三)可操作性

体育教学的可操作性是体育教学评价实施的重要前提和基础,也是未来体育教学评价发展的一个不可改变的基本要求。任何体育教学评价要想做到评价的科学实施、发挥评价的效果,都要注重体育教学评价的可操作性,否则,再好的教学评价方法、内容、标准都只能成为一种空想,无法实施的教学评价毫无意义。

二、体育教学评价体系的创新、完善策略

(一)转变教学评价观念

体育教学过程是一个动态的发展过程,针对体育教学的评价也需要不断适应新时代与社会发展对体育教学的要求,更新与创新评价工作观念具有重要的现实意义。

(二)创新教学评价方法

体育教学过程是开放性的,体育教学评价过程也是一个复杂的过程,科学的教学评价需要多元化的评价指标,多种类教学方法的综合评价,才能做出全面、正确的评价。

(三)科学制订评价指标

在体育教学评价中,科学制订评价指标非常关键,科学的评价指标能确保体育教学评价的科学开展,否则就不能实现对评价对象的科学、全面、客观评价,不能真实地反映评价对象的教与学的情况。

科学制订教学评价指标,具体要求包括:一是在拟定教学评价指标时,以评价内容的内在逻辑结构为依据,认真分析、逐级分解、分层次分解教学评价指标。二是以个人或集体的经验为依据对评价指标的重要性进行科学、正确的衡量,选择最佳评价指标。三是在教学评价实践过程中,观察体育教学评价标准是否科学、合理,如有不妥,应对评价指标做出及时调整。

(四)丰富教学评价主体

科学的体育教学评价必然是全面的体育教学评价,这种全面性要求在针对某一教学个体和群体进行教学评价时,应尽可能多地选择教学评价主体,以更加全面地视角来了解教学评价对象的体育教学方面的各种信息。

具体来说,在体育教学评价中,与体育教学相关的各身份主体都应该作为体育教学评价主体被考虑,如教师、学生、学校领导、专家学者、学生家长等。

(五)丰富教学评价内容

高校体育教师应树立与时俱进的教学观念,丰富体育教学评价内容,注重对体育教学各方面进行评价,推动体育教学评价工作的高效开展。

以对学生的体育学习评价为例,高校体育教师既要关注学生基础体育知识与相关技能的培养,还要通过体育训练,帮助学生树立科学的体育意识、体育价值观,完善学生人格,培养学生良好的体育习惯,帮助学生制订体育运动和健身计划,持续参与体育健身活动和体育学习,进而实现体育教学目标,凸显体育教学价值。

(六)建立教学评价档案

每一次教学评价对之后的教学改善都具有指导、参考、启发作用,为了更好地总结经验与教训,应做好评价归档工作。教师应为每个学生建立评价档案,学校在对教师的评价工作中也要为每个教师建立评价档案。

(七)健全评价反馈和保障机制

要构建完善的体育教学评价体系,促进体育教学评价的科学化发展,就必须建立健全教学评价反馈和保障机制,不断提高体育教学评价的科学性与规范性。

首先,学校领导和相关部门应善于深入教学评价实践、总结经验,广泛吸取师生意见和建议,及时收集和整理评价信息。其次,应在体育教学评价反馈机制建立的基础上建立完善的评价监督机制,以便引导、规范体育教学评价中各种参与者的各项工作。合理进行,对教学评价中的各环节进行监督和控制,避免利益、人情干扰,使整个体育教学评价更加客观、真实、有效。

第七章 体育教育创新型教学

第一节 体育教育基础知识创新型教学

体育教育,即狭义的体育,俗称"小体育"。它是教育的组成部分,是通过身体活动和其他一些辅助性手段进行的有目的、有计划、有组织的教育过程,其基本特征是突出的教育性和教学性。体育教育以教学为主要途径,以课堂教学或专门性辅导为主要形式,以身体练习和卫生保健为主要手段。

现代教育制度形成以来,体育一直是学校教育的重要手段和课程体系的重要内容。在20世纪中叶以前的近200年的发展过程中,早期学校体育具有的人文教育色彩逐渐淡薄,课程科学化倾向和学科中心倾向日益加强,其主要表现是"增强体质"和"技能传授"逐渐成为学校体育的主要目的,在实践中甚至成为唯一目的;早期学校体育指向受教育者的人格完善逐渐变为主要指向受教育者的身体完善。

20世纪中期以来,随着世界开始进入知识经济时代,大幅减少的体力活动使得体能在劳动中的意义迅速降低,这与急剧增大的职业劳动对科学技术知识的需求形成了强烈的反差。对于绝大多数人来说,通过学习体育获得的各种知识、技能和能力,已不再为人们谋求生存和劳动所必需。同时,现代人越来越重视生命质量和生活质量。

人们越来越清楚地认识到体育是提高人的生命和生活质量的重要基础与保证,体育在现代社会中的独特作用和重要性日益凸显。体育课程作为素质教育重要组成部分的性质越来越鲜明。体育教育基础知识能够为体育专业学生指导体育教学、运动训练、社区健身等提供理论支撑，辅助学生更加科学合理地应用教学理论进行体育教育。

一、体育教育理论创新教学

(一)教育学

体育与健康课程作为整个教育课程的有机组成部分，直接影响学校教育的整体发展。因此，从教育学的视角来认识体育与健康课程是十分必要的。

体育与健康课程是学校全面发展教育的重要组成部分，对于促进学生的生长发育具有十分重要的作用。受教育者的身心和谐发展是一个有机的整体，忽视甚至损害健康的文化和科学知识教学，或孤立发展体能和运动技能的体育都是有害而无益的。体育与德育、智育、美育存在有机的联系，必须从德、智、体、美的相互联系、相互促进的视角来认识与理解体育。体育不仅是"体"的教育，更是"人"的教育。此外，体育过程是学生的生长发育与体育锻炼密切联系、互相促进的过程。正常的生长发育是进行体育锻炼的前提，同时又是体育锻炼的结果，两者必须有机地结合起来。

教育学是一门研究教育现象、教育问题及其规律的社会科学。它广泛存在于人类生活中，通过对教育现象、教育问题的研究来揭示教育的一般规律。19世纪中叶以后，马克思主义的产生，近代心理学、生理学的发展，为科学化教育奠定了辩证唯物主义哲学和自然科学基础。现代生产和科学技术的发展，教育实践的广泛性、丰富性，更进一步推动了教育学的发展。教育学是教育、社会、人之间和教育内部各因素之间内在的本质联系和关系，具有客观性、必然性、稳定性、重复性。例如，教育与社会的政治、生产、经济、文化、人口之间的关系，教育活动与人的发展之间的关系，教育内部的学校教育、社会教育、家庭教育之间的关系等。教育学的任务就是要探讨、揭示种种教育的规律，阐明各种教育问题，建立教育学理论体系。

教育学常用的教学方法：

1.以语言传递为主的教学方法

(1)讲授法

讲授法是教师运用语言系统连贯地向学生传授知识、引导学生学习的一种教学方法。

(2)谈话法

谈话法是教师和学生通过相互交谈来进行教学的方法。

(3)讨论法

讨论法是在教师的指导下,学生和教师为解决某个问题进行探讨、辨析是非真伪,使学生获得知识的方法。

(4)读书指导法

读书指导法是教师指导学生通过自学教科书和参考书获得知识、发展智力、提高思想认识、培养读书能力的方法。

2.以直现感知为主的教学方法

(1)演示法

演示法是指教师向学生展示实物或直观教具、向学生做示范性的实验,使学生通过观察获得感性知识的一种教学方法。

(2)参观法

参观法是教师根据教学实验需要,组织和指导学生到实地直接观察客观事物,从而获得知识的教学方法。

3.以实际训练为主的教学方法

(1)练习法

练习法是指在教师指导下,使学生巩固知识和形成技能、技巧的教学方法。

(2)实验法

实验法是学生在教师指导下运用一定的仪器设备进行独立操作,观察事物和过程的发生和变化,以获得知识和技能的一种教学方法。

(3)实习作业法

实习作业法是学生在教师的指导下,依据教学大纲的要求,在校内外一定场地运用已有知识进行实际操作或其他实践活动,以获得一定知识和技能的方法。

4.以探究活动为主的教学方法

发现法是美国心理学家布鲁纳提出的以发展探究性思维为目标,以学科的基本结构为内容,以再发现为学习步骤的教学方法综合方式。以研究法为主,将实验、考察、讨论、自学进行综合,强调学生是发现者,参与知识的建立过程,关心学习过程胜过关心学习结果。学生通过自己的探索学习,发现事物的变化及内在联系,从而获得规律性知识。

5. 以情感陶冶(体验)为主的教学方法

(1)欣赏教学法

欣赏教学法就是要培养学生高尚的理想,形成正确的态度,培养正当的兴趣,以指导人生的行为,追求真理的精神和浓厚求知的兴趣。自然科学的精密学理或巧夺天工的发明创造,哲学上的深邃思想和逻辑论证,皆来自研究的兴趣和对真理的无限欣赏。

(2)情境教学法

情境教学法是指在教学过程中,教师有目的地引入或创设具有一定情绪色彩的、以形象为主体的生动具体的场景,以引起学生一定的态度体验,从而帮助学生理解教材,并使学生的心理机能得到发展的教学方法。

教育学知识不仅能帮助学生更科学地学习体育实践和训练的技术,同时帮助学生学会教导他人进行体育技术实践和训练;学生通过了解教育的良好方式方法可以自主学习体育,同时通过了解教育与体育的关系可以更好地创新体育学习。

(二)现代教育技术

信息化是当今世界发展的潮流,而提高国民的信息素养、培养信息化人才则是国家信息化建设的根本。教师信息化既是教育信息化的重要组成部分,又是推动教育信息化建设的重要力量。因此,教师教育必须加快信息化进程,加大信息化建设力度,为全面提高中小学教师的信息素养奠定坚实的基础。现代教育技术课程主要是为了培养教师的教育技术能力而开设的教师教育公共基础课程,其可以促进教师教育能力的提高,加强教育技术基本技能,以教育技术相关理论为基础,重点培养学生的实践技能。

现代教育技术是指运用现代教育理论和现代信息技术,通过对教与学过程和资源的设计、开发、利用、管理和评价,以实现教学优化的理论和实践。其内容包括理论介绍和实践应用两大部分。第一部分是理论介绍,主要包括现代教育技术概论、现代教育技术的理论基础、教学设计、中小学现代教育技术环境;第二部分是实践应用,主要包括素材获取与加工、多媒体课件的设计与开发、网络课程的设计与开发、信息技术与课程整合。现代教育技术系统地介绍了教育技术的基本理论和现代化教学媒体的特点,使学生在今后的教学工作中更好地利用现代教育技术进行优化组合教学以提高教学质量。

现代教育应体现在"教育"与"现代技术"相结合之上。我国的教育事业源远流长,早在春秋战国时期,大教育家孔子就很重视教育。发展到今天,随着计算机技术、多媒体技术和网络技术及其应用的迅速发展,信息技术在教育教学中的全面应用成为现实,也为探索新的教学模式、方法、手段提供了机会,同时给教育教学领域改革的突破带来了前所未有的机遇。

教育要面向现代化,首先应该是教育思想的现代化。那么,现代教育技术作为现代教育模式的一种辅助手段,它的质量及其在教学中的效果如何,自然成了改革成败的重要因素之一。现代教育技术辅助教学成功的主要标志,应该是有利于学生主动参与自主学习,有利于揭示教学内容的实质,有利于教师与学生、学生与学生之间的相互交流协作学习,有利于学生思维和技能的训练,有利于创新能力的培养等。

现代教育模式与传统教育模式的根本区别就是把"以教师教为中心"的教学模式转变为"以学生学为中心"的教学模式。传统教育是以教师传授知识为指导思想,采取"以教师教为中心"的教学模式;现代教育是以学生主动建构为指导思想,采取"以学生学为中心"的教学模式。教师通过适当的教学设计,使学习者按照自己的认知水平选择学习内容、学习方式以及各种工具,学习是学生主动参与完成的,真正实现了个别化教学。如果学习中遇到了问题,可以通过协作学习,以及学生与教师或学生与学生,甚至学生与认知工具之间的交互得到解决。

通过现代教育技术的学习,学生可以从新时代互联网技术的网络链接,以多种形式了解体育与健康、体育与现代教育的关系,提升学习热情。

二、体育教育实践创新教学

(一)课程教学与班级管理

课程教学与班级管理密切结合教师教育专业实际,突出学术性、实用性,为广大师范生提供课程教学与班级管理的理论和实践方面的知识。它主要包括课程教学中的基本方法、原则和注意事项，班级管理中的学生和班主任、班级管理目标与内容、班级管理的原则与方法、班级组织建设、班级日常管理、班级活动管理、班级文化管理、班级突发事件管理、班级管理过程中的家校合作模式、班级管理的评价等。

通过课程的学习，师范专业的学生掌握从事课程教学和班主任工作所必备的专业理论知识和基本技能与技巧，逐步树立科学的学生管理观念，初步形成运用所学知识解决课程教学和班级管理工作的实际问题的能力。

本课程通过"做""练""案例分析"等形式开展教育教学活动，在"做"的过程中训练学生掌握缜密有方的教学和组织管理能力、机智灵敏的应变能力、广泛灵活的交往协调能力、深刻敏锐的观察分析能力、生动艺术的语言表达能力；在"练"和"案例分析"过程中理解和掌握基本原理和理论知识。

教学方法与形式的建议：按照开放教育试点所倡导的自主学习方式，教学应以辅助学生联系实际、运用小组学习等方法开展自学为主。运用多媒体教材的一体化设计方案，结合本地区学生的学习条件实际，提供多种方式的学习支持服务。面授辅导应侧重于理论教学部分，强化基础知识的学习，讲清思路与方法。学习方法的指导要突出重点，重视案例教学方法的适当运用，培养学生分析研究实际问题的能力。注意研究并安排好课程实践教学环节，利用教育实习基地组织学生开展实地考察和撰写工作分析报告，鼓励学生运用所学知识进行顶岗实习，提升班级管理能力。创造条件帮助学生运用中小学所提供的教学资源，指导学习充分使用音像等多媒体教材，开展视听学习交流活动。

课程教学与班级管理着重于课程教学的组织方法和班级教学管理的有机结合，学生可以从新时代创新创业背景下的慕课、翻转课堂、微课、线上线下结合课程等不同课程模式，了解并逐步掌握不同课程模式下的班级管理，探索专业知识和创新创业教育的多方面融合。

（二）中文写作

大学各专业学生都应该掌握最基本的中文写作知识，从而锻炼并提高其写作能力和水平。学生需要通过阅读、模拟写作、记日记等方式进行学习。此外，论文写作可以通过思维导图的模式，结合体育专业，进行创新学习。

思维导图是由英国教育学家东尼·博赞于20世纪70年代提出的一种辅助

思考工具,主要结合了心理学、脑科学原理等。思维导图是放射性思维的表达,也是人类思维的自然功能,增强使用者的立体思维能力,是打开大脑潜力的万能钥匙。思维导图适用于生活的各个方面,以清晰的思维方式达到改善人的行为表现的效果。

随着科学技术、教育学及心理学领域的新发展,体育教学方法呈现一种新的趋势,这个趋势可以归纳为现代化、个性化、多样化、心理化、民主化。基于脑科学、心理学及构建主义学原理的思维导图是一种呈放射状的思维表达方式,是一种将放射性思考具体化的方法,也是一种新兴的学习方法,可以应用于生活的各个方面,以清晰的思维方式达到改善人的行为表现。将思维导图应用于体育教学领域符合体育教学方法的发展方向。根据体育教育专业学生的培养目标,应当将思维导图应用于体育理论知识、体育运动技术、体育教育专业授课综合知识能力等方面。为体育教学方法注入了新鲜血液,以理论指导实践,提高运动技能水平,从而提高体育教育专业学生的综合能力水平。

中文写作可以帮助学生在科学研究、论文撰写、调研报告等方面提升实践能力,学生可以从"互联网+"的角度,结合思维导图,探索专业知识和创新创业教育的全方位融合。以中文写作的素材运用为例,运用思维导图构建素材案例框架,教师可以在授课时使用幻灯片展示教学素材,学生可以用思维导图记笔记,总结写作技巧,更好地提高创新学习效率。

第二节 体育专业基础知识创新型教学

新课程的实施是我国基础教育战线上一场深刻的变革,新的理念、新的教材和新的评价,对广大教育工作者提出了更高、更新的要求。这就需要中小学体育教师迅速走进新课程、理解新课程,掌握体育专业基础理论知识和实践的课程。作为新时期的小学体育教师,如何发扬传统教学优势,尽快地适应课程改革的需要,需要借鉴以下方法。

一、体育专业方法创新教学

(一)树立"健康第一"的指导思想

随着生产自动化水平的迅速提高、社会物质生活的较大改善以及闲暇时间的不断增多,人们的生活方式发生了很大变化。特别是近年来,健身锻炼成为人们日常生活中不可缺少的组成部分。例如,随着医疗改革制度的实施和完善,健康成了人们关注的热点,每天晨练、登山、打球的人络绎不绝,加入体育锻炼的人越来越多,终身锻炼的意识逐渐深入人心。因此,体育教师也要树立"健康第一"的指导思想,利用体育教学改善学生的心理健康和社会适应能力;从增进学生身心健康这一目标出发,引导学生掌握基本的运动技能,学会科学锻炼身体的方法,培养坚持课外锻炼的习惯,促进身体素质、心理健康、社会适应能力等全面发展。

(二)以学生发展为中心,关注每一名学生的健康成长

传统的体育教学是以教师、教材、课堂为中心,学生跟着教师转,教师跟着教材转,教师教无兴趣,学生学无乐趣。新课程以"一切为了每一位学生的发展"为最高宗旨和核心理念,要求教师心中要装着每名学生的喜怒哀乐和身心健康,把学生看成学生的主体,学习的主人,要以学生发展为中心,将学生的全面发展放在首要地位。例如,首先,根据学生的体能和体育基本技能的差异,确定教学目标、安排教学内容,让全体学生都有平等参与体育活动的机会。其次,关注学生的需求,重视学生的情感体验,激发学生的学习动机和兴趣,让学生在自主学习过程中学会学习,享受学习的乐趣,养成健全的人格。

(三)转换角色,建立新型的师生关系

建立新型的师生关系,是新课程改革实施和教学改革的前提与条件。新课程的推进要致力于建立充分体现尊重、民主和发展精神的新型师生关系,使学生学习的主动性和创造性得以充分发挥。要建立新型的师生关系,教师应真心对待学生,关心爱护每一名学生,公平地对待学生,不能厚此薄彼,尤其是对于学习成绩不理想的学生,教师要多鼓励、多关怀,挖掘他们的潜力,切实帮助他们,成为学生学习的促进者和服务者。传统教学中的师生关系,是一种不平等的关系,教师不仅是教学过程的控制者、体育活动的组织者、成绩的判定者和绝对的权威者,还总是千方百计地把自己的要求"格式化",根据自己的思路进行教学。新课程要求教师从知识技能的传授者转变成学生发展的促进者,由居高临下的指挥者转变成合作型的良师益友,使教学过程转变为师生共同开发课程标准的过程。例如,在上立定跳远课时,笔者改变了以往惯用的教师讲解、示范—学生模仿练

习—纠正错误动作,这一传统的"格式化"的教学方式,采用了让学生在师生共同创设的虚拟的动物王国运动会中,学习模仿各种动物的双脚起跳、双脚落地(立定跳)的方法。学生通过实践—思考—创造—发现—学习等步骤,在教师的鼓励和师生共同探讨、实践下掌握了动作技能。整个学习过程教师只是学生学习的引导者和服务者,在与学生平等的交往中帮助学生掌握学习方法,学生始终是学习的主人,教师在一旁起着鼓励、促进作用,如此合作教学较以往事半功倍。

(四)灵活运用各种教法和学法

新课程强调教学过程是师生交往、共同发展的互动过程。在教学过程中要处理好传授知识与培养能力的关系,注意培养学生的独立性和自主性,引导学生质疑、调查、探究,在自主学习中培养独立思考能力,探究学习中培养解决问题的能力,合作学习中提高合作交流的能力。以"跳短绳"为例,过去教师一般采用传授式教学法和学生反复练习的方法来完成教学任务,其实可以改用激趣法和鼓励法进行教学尝试,例如课前,激发学生模仿小兔子、袋鼠等动物跳,然后布置给学生"小动物学跳绳,比一比谁学得快"的任务,让学生自由练习。练习过程中,一些基础好的学生很快就能完成老师布置的任务,为了保持学生的练习兴趣,教师一方面引导学生学习花样跳绳,另一方面让学生当小老师教不会的同学。体育教学方法层出不穷,在教学实践中灵活运用各种教法和学法,是新时代创新创业教育对教师的要求。

体育专业基础理论是指体育宏观性、全局性的知识体系,或者说是体育整体性、综合性的基础理论,也可以说是整个体育事业的基本理论。体育教育中最普遍、规模最大的活动是学校体育和体育专业教育,两者相互作用、相互依存,体现一种互动关系。按照培养方案的课程,每节一个学科的介绍理论和实践结合的创新型案例,培养学生的创新实践能力。例如,可以通过以下几种创新的体育教学法,提高学生的上课热情和创新思维发散能力。

1."成功"教学法

"成功"教学法是根据学生的实际情况和接受能力,适当把教授的技术动作转变为精华部分,降低难度,不过分追求速度、远度、准确度,激发学生以顽强的意志坚持把动作做好,并因材施教,让学生在完成动作的同时体验"成功"的乐趣,以兹鼓励。中小学生具有很强的自尊心、自信心,往往一点点成功的喜悦就会激发他们昂扬的斗志和坚持锻炼的决心。部分学生对体育课不感兴趣,再加上看到同伴完成动作很好,自己内心就会排斥或不情愿参与,而有了坚持的意志和积极参与的态度,对技术动作的认识和探索就会自然而然地加强。实施中,体育教师要为学生创造"成功"的机会,使其体验成功的快乐,促使追求成功的愿望,最终使学生主动积极地自学自练。但不可使用过度,否则处处都是成功不仅不能激发学生练习的信心,还会让其"飘飘然"。

2."娱乐"教学法

毋庸置疑,体育或体育课对青少年体质有增强的作用,每个家长和老师也都明白。但实际上,中小学生对待体育或体育课总是提不起兴趣,更别说积极主动地去练习。调查显示,超过40%的学生对体育课的兴趣一般或不喜欢。实际上,多数学生不是不喜欢体育课,而是觉得体育课太枯燥乏味,根本提不起兴趣。他们心中的体育课应该是丰富多彩、娱乐身心的一种方式,而不是在文化课本来就很紧张的情况下再去上"没意思"的体育课。"娱乐"教学法恰恰能激发学生对体育课的兴趣和爱好,从教学方法上激发学生参与练习的积极性,通过设计丰富多彩的教学内容、实施多种多样的教学方式和组织形式,调动学生主动地了解体育知识、掌握技术动作,变"被动体育"为"主动体育"。"娱乐"教学法的设计和编排需要体育教师多下功夫,捕捉技术动作的"娱乐"成分和元素,使用各种工具和手段调动学生参与的主动性。这种方法虽说给体育教师增加了备课的负担,但对学生来说,从体育课中获得快乐是坚持锻炼和积极投入锻炼的有效"催化剂"。当然,在教学应用中,体育教师应避免只注重娱乐而忽视了体质锻炼和技能学习的情况,防止本末倒置。

3."口诀"教学法

"口诀"教学法是体育教师在教学过程中,通过对技术要领的理解和反思,加上自身教学实践的经验总结,提炼出来的一种包含重要技术动作要领,以顺口、押韵的形式进行教学的方法。"口诀"教学法使用起来方便、快捷,学生容易接受;免去了讲解的啰唆和枯燥,学生在课后又能时不时地背几句,促进加深记忆。

4.群体激励教学法

群体激励教学法又称"智力激励法""头脑风暴法",源起美国人奥斯本,是指通过集体思维共同相互激励的形式,引发众多反应,产生多种解决问题的设想的教学方法,类似于启发法和小组讨论法的叠加。首先是教师提出问题,让学生通过创造性思维和实践去探究,最终形成正确的答案或结果。这种方法对培养他们的创造力和创新意识具有重大功效。学生在探索问题的同时寻找解决问题的过程,再加上教师专门设置的一些疑难,假使学生开动脑筋、启发思维,必然提升了学生的创新意识和解决问题的能力。

5. 移植教学法

移植教学法就是将体育教学方法直接的理论基础、普通教学论以及其他学科的好经验、好方法,以及边缘学科新涌现的新知识、新理论部分地或全部地引入体育教学领域,并通过一定的改造而获得新的体育教学方法。体育是一个特殊的学科,大量的教学方法来自教育学、心理学领域,练习方法来自训练学领域,这些学科内的教学方法在合适的教学步骤、练习阶段内都可以移植过来,丰富发展体育课堂教学。体育教师在运用移植教学法时,要视野开阔、酌情使用,做到"举一反三""异中求同"。体育教师丰富的知识面、发散的思维方式、教学经验的总结与反思是应用移植教学法的决定因素,切忌为求新而进行胡编乱造、滥用。

6. 难度增减教学法

难度增减教学法是指在不改变运动技术动作的结构和性质的基础上,对教学内容的难度进行增减调整的一种教学方法。这种教学法在现实体育教学中经常使用,如跳跃纵箱前先练习跳山羊,肩肘倒立前先练习有人辅助练习,篮球罚球练习前先缩短距离练习等。一般都是先易后难,而在一些训练课上,往往是增加难度的做法,如有人影响下罚篮,故意抛不到位的球让学生垫等。难度增减教学法不但有助于教学进度的顺利进行,而且对消除学生的恐惧感、增加信心、提高抗干扰能力起到重要作用。

7. 逆向思维教学法

逆向思维教学法是指按照反向思维,反方向引出问题的一种教学方法。人们习惯于按照正向思维进行教学,但一些技术动作按照反向程序进行反而会取得更好的效果。例如,掷标枪,先教持枪投掷,再加上助跑,最后完整练习;跳远,先教起跳,再教助跑和落地;等等,这些教学程序的反顺序也需要教学方法的反向进行。此类技术动作的特点往往具有共性,都是先练习较难掌握的技术动作,而且这些技术动作对成绩起到决定作用。在实际教学中,体育教师总是抱怨学生学不会动作,不如逆向思维一下,反思自己的教学方法,是"接受"的问题还是"教授"的问题,是"学不会"的问题还是"教不会"的问题,这同样是逆向思维教学法的应用。

8. 情境教学法

情境教学法是指在学习动作前,先用语言或场景把学生带入一定情境,让学生身临其境地强化练习的一种方法。具体的实施手段有以生活展现情境,以实物演示情境,以录像、画片再现情境,以音乐、语言渲染情境,以展示、表演、示范体会情境等。例如,教师教中长跑时,把学生比喻成抗震救灾的人民子弟兵;学习篮球变向运球时,模拟比赛现场,教师启发学生用什么方法摆脱防守队员;放松练习时,想象自己是快乐的小鸟,自由地飞翔等。再如,长春市外国语学校陈永东教师创设的太极放松操——大西瓜,"一个圆圆大西瓜,我从中间切开它,一半送给老师您,一半送给同学了,拿去吧!拿去吧!我自己呢?没了,没了!情景创设需要体育教师"煞费苦心",而启发、激励学生身临其境地练习更是需要教学艺术。这种方法既能激发学生练习的积极性,又能提高教师创设情境、组织教学方法的能力。尤其对低年级的小学生来说,情境教学法能激起孩子的无限遐想,使其感受到自己就是主人公,练习起来自然卖力。

体育专业基础理论知识和实践的课程主要从体育的基本理论知识到体育基本技术的实践指导进行了系统的阐述,并对体育不同运动项目的学习训练方法和技能进行了实用性介绍,学生可以通过创新教学案例、分组"头脑风暴"、创新视频观看等方式,更好地进行专业课程创新创业教育,提升学生的创新思维能力。

二、体育专业基础理论创新教学

体育专业基础理论是体育学科的重要内容,以研究体育一般规律为对象,主要研究内容包括体育的产生和发展、特点和作用、目的与任务、制度与手段,体育教学、运动训练、体育锻炼的一般原理和方法,以及体育组织管理、学校体育、幼儿园体育等。体育理论来源于体育实践,但不是简单地反映体育实践,而是将丰富的实践经验加以正确概括,并提高到理论高度,揭示体育的客观规律,从而指导人们的实践。体育理论的建立和发展,同许多学科有密切联系,并越来越多地运用其知识成果来解决自身的理论问题。

(一)体育概论

体育概论是从宏观、整体的角度综合研究体育的基本特征和发展规律的学科。体育概论从整体上揭示体育的本质特点,剖析体育的社会地位、功能、目的、任务及其与各种社会文化现象之间的关系,阐明体育的组织和方法手段以及国际体育、未来体育等。

在学习和研讨体育概论的过程中,教师应坚持几点基本要求:一是坚持"百花齐放,百家争鸣"的学术方针。二是坚持以马克思主义唯物辩证法和唯物史观分析问题。三是坚持理论联系实践。

对体育概论的单纯理论学习可能比较枯燥,教师可以通过展示国内外相关体育图片和视频介绍最新体育科技,激发学生兴趣,也可以布置任务,通过学生网络上收集课程相关的创新创业案例或短视频,以PPT和视频形式呈现,班级学生集体评分以作为过程性考核的加分标准。

(二)体育社会学

"体育社会学"是体育专业学生的必修课程,是介于体育科学和社会学之间的一门综合性学科,它既是社会学的分支学科,又是体育科学中的一门基础学科。它将社会学的理论成果和实证的研究方法充分运用于解释体育现象,是社会学领域的一门应用社会学。它又从社会本质来把握体育的特征、功能、手段和途径,是体育领域的基础学科。体育社会学并不是社会学和体育科学的简单重叠,它有独立的学科体系和研究视角,有更具体的针对性和更广泛的运用性。

体育社会学是把体育这种社会文化现象作为一个不断变化发展的整体,运用社会学的研究视角,在外部研究体育与其他社会现象之间的相互关系,在内部研究体育与人的社会行为、社会观念的关系,以及体育运动的结构、功能、发展动力和制约因素,用以推动体育和社会合理发展的综合性社会科学。体育社会学研究的基本内容包括体育与社会相互关系、体育社会学理论、体育社会问题以及不同体育形态的研究。

体育社会学的主要任务是揭示体育这一社会亚系统诸因素发展的规律性和趋势,研究体育的内部结构及其在具体社会条件下的作用机制。它的研究内容主要有以下四个方面。

体育运动的社会学理论。研究体育运动中的人际关系,为制定和实施体育工作的战略、政策、组织和制度提供理论和实践依据;体育运动如何独自成为一个社会系统及其发展方向;现代体育运动高度竞技化、大众化、科学化、商业化的特点及体育运动中各种群体的性质与功能等。

体育运动与社会的关系。体育运动的社会价值、社会地位;体育运动在丰富文化生活、发挥教育功能、实现人的社会化和促进精神文明建设方面的作用;体育运动与生活方式、社会秩序、意识形态、个性形成的关系;体育运动与政治、经济、文化、教育、科学、艺术和国际交往的关系;现代社会中影响体育运动的各种社会因素;体育运动的社会变迁、社会控制等。

大众体育。学校体育的活动内容、发展方向;闲暇与体育运动;生活方式与体育运动;不同职业、年龄和身体状况的个人和群体对体育的不同社会需求;老年体育与伤残人体育的组织和发展;观众问题等。

竞技运动的社会性质与特点。竞技运动是体育运动的重要组成部分,它是以"产生"冠军、优胜者为目标而进行的献身性运动,而不是以增强体质为直接目标的健身性锻炼,在性质与方向上区别于大众体育。在这一领域着重研究:竞技运动的社会背景、目标、道德、结构、体制、功能,与大众体育相互区别又相互渗透的关系;竞技运动成绩的社会作用和社会对竞技运动成绩的影响;培训运动员的社会标准与社会网络;职业运动员的性质、机能及其在现代社会生活中的地位和人际关系;观众的社会心理和社会行为等。

体育社会学的创新型教学,可以通过课堂分组、小组对抗、辩论赛等形式讨论不同的社会体育现象;也可以以小组中个人熟悉的体育项目为例,团队合作拟写课堂作业,然后选择较为优秀的小组作业,作为模板带领学生共同进行总结、评价与实际应用讨论。

(三)学校体育学

学校体育学是研究与提示学校体育工作的基本规律,阐明学校体育工作的基本原理与方法的一门学科,是培养各级体育师资,组织和实施学校体育工作所开设的一门专业基本理论课程。学校体育学是体育科学与教育科学交叉的,以现代教学论为一般理论基础的一门新兴学科。

"学校体育学"是一门综合应用性课程,它综合吸收了教育学、心理学、人体科学、体育学等基础学科知识,在培养体育师资所应具备的专业知识能力过程中发挥着支柱与核心作用。通过对"学校体育学"课程的学习,使学生较全面系统地掌握中学体育教学与开展课余体育活动的基本理论与方法,发展学生运用理论指导学校体育工作的实践能力,增强学生在学校体育课程改革中的适应与创新能力,最终为培养"体育教学视野开阔、基础理论宽泛、实践能力突出"的高素质体育专业教师服务。

"学校体育学"课程的主要内容涵盖四部分:一是学校体育总论:学校体育学的教育价值;现阶段我国学校体育发展现状及未来趋势。二是体育课程与教学:体育知识的特性与认知规律;体育教学的目标任务与实施过程。三是课外体育:课外体育锻炼与运动训练。四是学校体育管理:体育工作计划与考核。

概括而言,学校体育学的理论知识范围依据不同的功能和指向,分为认识理论、解释理论、规范理论,这三类理论知识构成了一个完整的理论知识体系。

认识理论——主要回答如何认识学校体育,即学校体育的目标是什么,培育什么样的人才。

解释理论——主要阐释体育新课程的理念、思路和在实践中的实施问题。

规范理论——主要回答应该怎么做,如课外体育怎么做,合格教师应该怎么做。

理论与实践相结合:充分利用中小学体育教育资源,组织学生深入中小学体育教学一线进行观摩和学习,以及在部分教学中,学生在课堂进行实践操作。

学习与应用相结合:通过体育教育实习,巩固学生学校体育学的知识,培养学生运用学校体育学的相关知识解决实际问题的能力。

基础与提高相结合:在学生学习学校体育学基本理论知识的基础上,通过指导学生的毕业论文、专题研究等环节,培养学生运用学校体育学的相关知识分析问题、解决问题、从事科学研究的能力。

学校体育学与教师、学生的关系最为密切,教师可以在课程教学中带领学生实地观摩中小学校体育教学,根据课程目标设置观察和记录的重点,再辅以课外拓展或研学活动的体育教学,引导学生自主学习实践,更好地进行创新创业的专业教育。

三、体育理论结合实践创新教学

(一)运动训练学

运动训练学是全国体育院校学生的必修课程,也可以作为大学体育的公共选修课程。本课程按照运动训练学知识体系的通识性和学生的需求,以关键问题为导向,理论联系实际地进行知识讲解,按照"问题—探讨—反思—提升"的主线条组织每一知识点的教学。运用在线视频讲解、线上线下互动的讨论、即时网上辅导反馈、网上作业提交和批改、在线自主测试等教学方式开展教学活动,使学生掌握运动训练的一般理论和方法,提高学生指导运动训练和科学体育健身的能力。

运动训练学是研究运动训练活动,以及有效组织运动训练活动行为的科学,是我国高等体育院校体育教育和运动训练专业学生的必修课程。它主要包括导言、运动训练基本原则、运动员竞技能力及其训练、运动训练计划的制订与实施。主要讲授运动训练和运动训练学的基本知识,包括学科的体系架构、核心概念、训练方法等;讲授辩证协同的运动训练原则体系,包括训练动机、训练内容、训练负荷、训练安排的活动准则;讲授运动员主要竞技能力构成、评定与培养,包括体能、技术、战术三部分;讲授如何组织运动训练过程,包括训练过程的基本架构、制定实施、过程调控等。

运动训练学研究的主要目的在于:揭示运动训练活动的普遍规律,指导各专项运动训练实践,使各项训练活动建立在科学的训练理论基础上,努力提高训练的科学化水平。

运动训练学的主要任务为:一是从众多专项的训练实践中总结出带有普遍意义的共性规律。二是深入探索尚未被人们认识和认识还不十分清楚的运动训练规律。三是进一步健全运动训练学理论和内容体系。四是广泛吸取现代科技成果和多学科的理论与方法,应用于运动训练学的理论研究与实践中。五是运用一般运动训练学的基本理论指导各专项训练实践。

运动训练学的创新型教学,可以通过案例模拟演练,进行理论结合实践的学习;先预设运动训练情境,如主要针对不同人群的不同训练组织方式进行思考讨论,再团队合作拟写运动训练方案,然后选择较为优秀的小组作业,作为模板带领学生共同进行总结、评价与创新创业应用讨论,最终应用于学校高水平运动员的训练实践中。

(二)健康教育学

健康教育学是研究健康教育的基本理论和方法的一门学科,是医学与行为科学相结合所产生的交叉学科。它力图在医学,尤其是在预防医学领域应用行为科学的方法和成就,研究人类行为和健康之间的相互联系及其规律,探索有效、可行、经济的干预策略与措施,以及对干预效果和效益进行评价的方式方法,从而服务于预防疾病、康复患者、增进身心健康、提高人类的生活质量。

健康教育是人类最早的社会活动之一。随着社会经济和科学技术的发展,人类与疾病作斗争的形势的变化和健康知识的积累,第二次世界大战后行为科学体系的形成和传播学、管理科学等的发展成熟,为健康教育从自然的、缺乏理论和方法学指导的状态转变为自觉的、建立在科学理论和方法学基础上的系统的社会活动奠定了基础。另外,人类行为与生活方式的改变、疾病谱的变化和新的严重传染性疾病的出现,以及人们对健康的更强烈追求,也使系统的健康教育活动越来越受关注与重视。

健康教育学是研究传播保健知识和技术、影响个体和群体行为、消除危险因素、预防疾病、促进健康的科学。它通过传播和教育手段,向社会、家庭和个人传授卫生保健知识,提高自我保健意识,培养保健能力,养成健康行为,纠正不良习惯,消除危险因素,防止疾病发生,促进健康和提高生活质量。目前,健康教育作为教育的重要内容,已经成为世界上许多发达国家和地区学校教育的基本任务,成为素质教育的重要标志。2000年,教育部首次在"健康第一"原则的指导下,将体育课更名为"体育与健康"课,这标志着健康教育正式以课程的形式进入学校教育的课程体系。为了培养合格的体育与健康教育师资,"健康教育"自然地走入课堂,成为普通高等学校体育教育专业学生的重要课程。

为适应对本科体育教育专业学生健康教育和能力的培养,从理论与实践并重的角度出发,按照"普及健康科学知识和培养合格体育与健康教育师资"的原则,针对体育教师的教学需要设计了课程的教学体系。本课程系统介绍了健康教育的定义、对象、内容、目的及其与体育教育其他课程的关系;详细介绍了健康促进、健康管理、健康行为等健康教育的基本理论;具体介绍了与当代青少年和大学生健康密切相关的健康体能、健康心理、健康饮食、性健康、肥胖控制等；结合体育教育专业的特点，还讨论健康睡眠、合理用药、疾病预防、环境与健康、生活护理等方面的知识。

通过健康教育学的学习，学生能够初步掌握常见健康相关内容和方法，这可以帮助学生养成良好的生活习惯、选择健康的行为和生活方式、消除和减少危险因素、改善生活质量，从而促进大学生身体健康，培养从事健康教育实施和管理的能力。

健康教育学的创新型教学，可以通过线上线下相结合的课程，以网络联系形成兴趣小组，不定时展开学习讨论。采取线上成绩70%（课程讨论10%、章节测验15%、签到统计5%、课外作业15%、课程音视频20%、互动讨论10%、期末考试25%）、线下成绩30%（平时表现30%、综合考试70%）的形式，更好地把理论知识运用于实践应用方面。

第八章 新时代体育教师信息化教学能力的培养

在信息化时代,体育教师必须具备一定的信息化教学能力,这是实施体育信息化教学的重要基础和保障。本章将对体育教师信息化教学能力的培养进行探讨,主要包括新时代体育教师的特征和基本素质、体育教师的培养与培训、体育教师信息化教学能力的特点与构成,以及体育教师信息化教学能力的培养策略。

第一节 新时代体育教师的特征与基本素质

一、新时代体育教师的特征

党的十九大报告指出,我国已经进入新时代,在新时代引领下,体育教育事业也迎来了新的发展机遇,同时对体育教师提出了新的要求。新时代背景下体育教师应该具备以下特征。

(一)不断学习新知识的能力

新时代的体育教师必须具备学习新知识的能力,不断更新自己的教学观念,要培养学生探索真理,启发他们自主学习,掌握学习方法。体育教师要成为知识传授的引导者。

体育教师需要在掌握教材的基础上不断获取新的体育教育知识信息,并将其编辑成教学课件,或者制作成幻灯片、投影片、学习指导书、参考书、影视资料或电子课件等,为学生提供多样化的学习方式。运用计算机及网络技术发布自己的研究成果、学习导读、知识介绍并开展多种形式的讨论、交谈以及咨询等活动,从而使体育教学更加活跃,提高信息化教学能力。总之,体育教师要保持不断学习新知识的能力。

(二)较高的综合素养

体育教师不仅要具备坚定正确的政治思想与强烈的事业心、责任感,还要有一定的个人修养与品质,做到严于律己、以身作则、谈吐文雅、衣着整洁、举止文明、精神饱满等,能够坚决抵制拜金主义、享乐主义、极端个人主义等腐朽思想的侵蚀,对自己所肩负的"传道、授业、解惑"的重任有清醒的认识。

体育教师要严格要求自己,在品德、技能、人格等方面不断完善,并潜移默化地引导学生,全身心地服务于学生,以自己的知识和品德去点燃学生智慧的火花,做一个"捧着一颗心来,不带半根草去"的品德高尚的人。

(三)扎实的体育学科理论知识

体育教学离不开身体运动,体育教师首先要了解人体运动时各器官的结构与生理机能的变化特点和规律,达到锻炼学生身体、增强学生体质的教学效果,避免给学生的身心健康造成不必要的伤害。因此,体育教师只有以坚实的基础理论知识为指导,才能更好地完成教学任务,使学生的身心获得更好的锻炼。

为使学生在体育教学过程中真正掌握体育基础知识和基本技能,形成一定的体育能力,体育教师应该更好地掌握体育的地位、本质功能和一般规律与特性,明确我国体育教育的目的、任务、体育教学规律、特点与教学原则、方法等体育理论知识。同时,还应该掌握各个运动项目的基本理论、动作技术、战术、规则、裁判方法及各个运动项目的技战术教学与训练的原理、方法。因此,体育教师要不断充实、更新自己的专业知识,并将新知识与新观点不断纳入教学实践中。

为了更好地进行教育教学,体育教师在教学中要了解并掌握学生的心理特点,掌握向学生传授知识、技能的方法与技巧,这是体育教师必备的知识和能力。体育教师要熟练运用教育学、教学论、学校体育学、教育心理学、运动心理学、运动训练等学科的原理与方法,通过适当的教育方法和教学技巧将自己的知识、技能传授给学生,从而促进学生身心全面、和谐发展。

体育教师要不断完善自己的知识结构,除了掌握体育教学中所必需的知识外,还应该掌握体育社会学、体育人类学、体育史、体育哲学、体育美学、体育行为学、体育管理学、奥林匹克学等相关学科的知识,不断开阔自己的视野,发展自己的教学思维。体育教师如果善于运用这些知识来处理教学过程中遇到的问题,有助于让学生获得更多知识,同时丰富自身的育人方式与形式。

(四)高超的运动技能

为了更好地进行体育教学,体育教师还应该熟练掌握至少一项运动技能,在体育运动技术全面发展的基础上有自己的专项特长,促进学生更好地进行体育学习。具体表现为规范熟练的动作示范,把握动作技术的环节,及时发现并合理纠错等。这种能力的培养与提高,除需不断地钻研运动技术理论、学习新技术新动作外,还要根据不同的教学对象在实践中积累教学经验。

(五)较强的科研创新能力

教学过程也就是进行科学研究的过程。现代教育要求体育教师不只是一个"教书匠",同时,还应该具有强烈时代感、不受固有观点与模式的束缚、积极探索、勇于发现、努力开拓新领域,在创新中生存、在开拓中发展的科研型教师。科学研究能够提高教师的业务和理论水平,有助于教师接受新的知识信息,了解掌握新的动态,站在学科发展的前沿,使体育教学更有新颖性、丰富性与时代气息。科研能力也是衡量一名优秀体育教师的重要标准,教师的素质只有在教育科研及教改实验中才能真正提高。

(六)良好的社交能力

体育教师应该树立新时代的新形象,通过与不同人群的交流沟通,使社会更加了解体育教师工作的真实意义,开创学校体育工作的外部条件和环境,展现体育教师各个方面的才能。同时,体育工作本身也是一项最具广泛群众基础的工作,学校体育教育不仅是体育教师的责任,与班主任、少先队、共青团、后勤管理等部门也有密切的联系,不仅要面向全体学生,也要面向社会。因为广泛的社会接触更有助于对学生的教育,同时也有利于全民健身计划的实施。

二、新时代体育教师的基本素质

(一)思想政治素质

在新时代的背景下,体育教师首先应该具备较好的思想政治素质。体育教师每天都和学生打交道，他们所具备的思想政治素质会对学生的思想政治素质产生直接影响。

在新时代的背景下，体育教师更要树立坚定的共产主义信念，树立实现共产主义的崇高理想。在教学工作中，体育教师要兢兢业业、一丝不苟，热爱并无私地奉献给教育事业；积极宣传和传递热爱祖国的思想；传播并捍卫真理，研究并吸收体育学科的优秀成果，对教学内容进行不断创新，改进教学方法，正确引导学生学习和认识事物的发展规律。

（二）身心素质

体育教师要想更好地适应新时代的发展，必须具备良好的身心素质。体育教学工作对体育教师的身心素质提出了严格要求，无论是备课、上课、课余锻炼与训练还是进行科研攻关，都需要体育教师投入满腔的热忱。这就要求体育教师具备充足的体力、脑力以及心理承受力，因为艰辛、复杂、繁重的教学任务需要有健康强壮的体魄做支撑，才能承担辛苦的劳动，完成学校体育教学的各项任务。

（三）能力素质

教师的能力与教学效果有密切的相关性。因此，体育教师能力的大小是影响教学效果的一个重要因素。体育教学的学科特点使它对体育教师的能力要求有着不同于其他学科的一些特点，特别是组织与管理能力、教学综合能力、学习知识的能力、创造能力以及科研与应用现代化教学手段的能力等，这些都是有效地完成体育教学工作目标的重要素质。

从学习知识的能力方面来看，在科学技术迅速发展的今天，人类的知识时时刻刻都在突破和增加，体育教师只有具备一定学习知识的能力，才能不断充实、更新自己的知识，适应时代发展的潮流。体育教学多在室外进行，表现出开放性与动态的特点，这就要求体育教师一定要具备很强的组织与管理能力，从而保证体育课教学顺利进行。体育教师要及时了解并学习本学科的前沿知识，不断了解教学改革的新动态，努力开展教学研究，才能创造性地开展教学工作，开创学校体育教学的新局面。随着信息社会和数字化时代的到来，怎样获取信息、处理信息、运用信息以及创造信息来提升运用现代化教育手段的能力，成为体育教师适应新时期教学需求的一种重要的能力素质。

第二节 体育教师的培养与培训

一、体育教师的职前培训

(一)体育教师职前培训的意义

1. 职前教育是终身教育的一部分

当今社会,政治、经济和文化等各个领域的信息、知识和技术都在快速发展,因此,个体的发展必须跟得上社会发展的步伐才不会被淘汰。教育事业关系着一个民族和国家的未来,因此,在教育事业中起着重要作用的教师必须不断地学习,并将学习贯彻于自己的一生,才能把更多、更新的知识传授给学生。体育教师作为关乎学生身体素质的特殊人群,也必须建立终身学习的意识,以适应社会发展的需要。

当前的学习化社会使终身教育和终身学习被越来越多的人接受。作为教育工作者,体育教师开始逐渐认识到仅靠职前的师范教育来教授学生是远远不够的,体育教师的学习是一个永无止境的过程。

由于新教师走上工作岗位后,前几年的从教经历对他们的终身学习及未来的发展和提高有至关重要的作用,新教师入职教育应被看作在职继续教育的一部分,而且是教师更大范围的业务提高和终身教育系统中的一个关键部分。

2. 职前培训能促进新教师的专业成长

"接受长时间的训练和入职辅导"是教师专业化的一个必要条件。一个成熟的教师所具备的大部分知识和技能来自工作经历。

一项对中学优秀教师各种特殊能力形成时间的研究表明:除了语言表达能力以外,教师教学所必需的其他能力,如处理教学内容的能力、运用教学方法和手段的能力、教学组织和管理的能力、科学研究的能力、与学生交往的能力等,有65%以上是在任职以后形成的。而国外有关教师生涯发展和专业发展的研究也表明:教师的成长有自己独特的周期,不同的发展阶段会有不同的需要,会面临不同的职业发展问题。带着"不现实的乐观"的新教师在入职阶段所面临的冲击尤为强烈,他们可能对复杂的教学情境感到无所适从,在现实中产生极度的迷茫和巨大的失落感；他们迫切地需要支持与帮助，期望能尽快地获得教育教学的实用技能。

职前培养能使新教师消除从教育教学理论走向教育教学实践的失落感，有助于缩短新教师对新环境的适应期、提高新教师在教学生涯中的生存概率、加速新教师的成长。如果新教师在该阶段——由理论走向教学实践阶段无法得到必要的理论和实践支持与指导，他们只能"自生自灭"，而生存下来的教师往往要以艰苦的劳动和长时间的摸索为代价，这将不利于新教师的快速成长。

因此，新教师的入职教育有助于加速新教师的成长，缩短新教师成为一名优秀教师的成长周期。

3. 职前培训有助于完善教师任用制度

入职培养是教育制度和教师资格认证制度的重要组成部分。长期以来，师范教育更多地强调输入的标准，而忽略了产出的标准，甚至完全不考虑现实的标准——教师效能的标准。一个学生只要在师范院校中能修满规定的学分，获取一定的学历，即可获得教师资格。几年的师范学习成了从事教师工作的永久性通行证。而教师资格证是否能真正反映和表现在校师范生的教学能力值得思考。

目前，我国实行的《教师资格条例》所规定的获取教师资格的条件也包括教育教学能力，但由于缺乏明确的评价标准，这方面的条件常成为可有可无的软指标，在现实中难以落到实处。见习期制度能够为教师队伍选择符合条件的教师提供政策性保障，可以对获得规定的标准学历的教师候选者进行再次筛选，让那些经过特定的考核程序、被证明具有必要的业务能力的教师获得完全的教师资格。这在当前教师资格证考试尚未普遍开展之时尤为必要。即使在教师资格考试制度普遍实施之后，针对新教师入职教育制度依然是一个十分重要的配套制度。

教育教学活动对教师的理论知识和实践能力要求较高，对于教育教学这样一个极具实践性的专业来说，新教师必须经过实践的检验和磨炼才能发现自己是否适合或能否胜任教师这一职业。如果没有完善的见习期制度，而仅仅以教师资格考试制度为依据的教师任用制度是不完善的。新教师入职教育制度可以有效解决教师专业素质标准不统一和难以判断的问题，对完善教师任用制度也是十分有利的。

(二)体育教师职前培训的目标

1.培养具有现代教育理念的体育教师

在基础教育课程改革中,教师教育观念的变革和现代化是关键所在。现代教育观念包括的内容有很多,其中较为主要的有素质教育观、创新教育观、情商教育观、终身教育观等。具体来说,第一,素质教育观主要造就有理想、有道德、有文化、有纪律的德、智、体、美全面发展的人才,使人才具有正义感、责任感和诚信、公正的美德,要具有创新精神和创新能力。第二,创新教育观主要培养学生为人类文明创新的理想,丰富的想象力,批判性思维、发散性思维和创造性思维的能力,分析、解决问题的能力和创新能力。第三,情商教育观主要培养学生珍惜生命、尊重人权、爱护环境,要善于和他人相处,理解并关心他人,爱护和关心学生,善于和学生合作,善于指导学生,能成为学生的良师益友。第四,终身教育观主要培养学生建立终身学习、终身接受教育和培训的观念,具备在信息技术条件下独立学习和协作学习的能力。

由此可以看出,每一项现代教育观念都有各自的特点。从实质上来说,这些现代教育观念中素质教育观又包含创新教育观、情商教育观和终身教育观的所有内容。在一定意义上,素质教育观既是核心,又是现代教育观的全部。

2.培养综合知识和能力的体育师资

专业基础知识是体育教师的立身之本、从业之本。因此,具有扎实的专业基础知识是非常重要且必要的。如果专业基础知识不扎实,那么体育教师在实际工作中往往难以吃透教材,难以灵活运用教材,也难以达到有效传授知识的目的。当然,如果一名体育教师具有扎实的专业基础知识,但知识面并不宽广,那么,他也很难成为一名优秀的体育教育工作者。究其原因,主要是中小学的体育教学在教学内容上要求体育教师须具有多方面技能,而不仅仅是一种技能。一种技能只能满足一种教学内容的教学要求,只有具有多种技能才能使多种教学内容的教学要求得到最大限度的满足。因此,具备扎实的专业基础知识是做好体育教师的首要条件,也是高等体育教育专业培养未来体育师资的重要目标。

但是对于一名优秀的体育教师来说,仅有扎实的专业基础知识是不够的,还需要扎实的人文社科知识,这也是许多专业技能很好的优秀运动员退役后却做不了一名优秀体育教师的主要原因。体育教育作为教育之一，归根结底是培养人的活动，这种活动涉及人的情感、认知、意志、动机、态度等多个学科领域，只有掌握好这些学科领域的知识及运用方法，才能使这种培养人的活动更加有效。因此，对以培养未来体育师资为主要任务的高等体育教育来说，在目标定位上不能把视野仅局限在发展未来人才的专业技能上，还要兼顾专业技能和人文社科知识的养成。

3. 培养具有良好信息技术能力的体育师资

在信息化时代，掌握和运用信息的能力是任何行业的从业者高效开展工作的重要保证。对于体育教师来说，从书本上获取知识固然重要，但书本在传递知识上毕竟具有滞后性，在信息咨讯快速发展的今天，靠书本来获取知识显然已不能满足体育教师把握职业前沿发展的需要。而一名体育教师要想使自己的教学工作跟上教育改革的步伐，要想使自己的教学能力得到持续的提高，把握职业前沿发展动态则是一件必须要做的事。因此，作为一名未来的体育教师具备良好的信息素质就显得非常重要。对于培养未来体育教师的高等体育教育来说，在职前教育阶段提高体育教师的信息素质应该成为其培养目标之一。

体育教师信息素质的培养涵盖很多内容，其中最主要的有：首先，对体育教师的信息意识的培养。意识决定行动，良好的信息意识是体育教师主动获取利用各种信息资源的前提条件。其次，对体育教师筛选信息能力的培养。在资讯快速发展的今天，信息像潮水一样源源不断地涌入我们的视野，信息本身也良莠不齐。在这种情况下，从大量信息资源中筛选出健康有用的信息的能力就成为体育教师高效准确利用信息的重要保证。最后，对体育教师使用现代信息工具的能力的培养。随着电子技术的快速发展，信息传递已突破传统的口耳相传、书籍转载的途径，电视、网络等新的信息传播途径日新月异，掌握这些新型的信息工具，能够使体育教师更加便捷高效地获取和处理相关信息。

4. 具有一定科研实力的体育师资

科学研究能力是新时代人才的三张通行证之一。体育教师必须在大学阶段得到体育科学研究的初步训练，具备一定的科研能力，从而使参加工作后的外在压力得到有效减少，使从事体育科研的主动性得到有效增加。这里科研能力的培养包括有两方面内容：一方面，学术内容的掌握。具体来说，就是对学科前沿的理论知识的理解和吸收。另一方面,学术思维的形成。具体来说,就是对研究问题方法的熟练运用及发散性思维的形成。

(三)体育教师职前培养课程体系中的问题

高等教育改革以课程体系改革为核心,课程体系改革是人才培养的关键。改革开放以来,尽管我国体育教育本科专业的改革取得了一定的成绩,然而依然存在改革力度不够、成效较低的问题,特别是课程体系改革没有得到完善。课程体系的不合理已严重影响我国新时代体育教师的培养质量。同一些在体育教师职前教育中有较好表现的国家相比,我国体育教师职前教育课程体系的不合理主要表现在以下几个方面。

1. 体育课程设置

目前课程设置对学生能力的培养主要集中在教学、训练、社会体育活动指导和学习掌握运动技术等能力方面。这种培养模式在旧能力模式的框架中具有一定的局限性,没有将社会发展对体育人才多元化的需要体现出来。此外,课程设置的弱点突出体现在对现代化体育人才影响最大的语言文字表达方面的能力培养。除此之外,我国体育院校课程设置和体系的变化周期太长,远远落后于我国社会的发展,不再适应基础教育改革与发展的需要。所以,长期来看,体育教师职前教育的专业设置和课程设置要具有时代性与前瞻性,让学生掌握最新、最科学的体育知识和技术,掌握最前沿的体育事业发展和科技发展动态。如此,才能使通过职前教育培养的体育人才更好地适应社会发展的需要。

2. 体育课程结构

从课程分类来看,国内外体育高等院校课程通常分为四大类,即公共基础课程、专业理论课程、专业技术课程和专业实践课程。而在美、德、日等一些国家把教育类课程单列,作为今后从事教师职业的学生的必修课程,并通过该课程的学习来获取教师资格。而在我国,教育类课程归属于体育教育专业的理论课程范畴。

(1)公共基础课程

美、日、德等国家公共基础课程占总课时的 30%～34%。但现阶段,我国体育院校公共基础课程的比例为 25%～26%,这不利于学生基础理论总体水平的提高,也不利于其专业理论水平的提高。

(2)教学实习时间

从教育实践来看,各国体育院校对学生教育实践能力的培养极为重视,逐步形成了分散实习和集中实习两种代表性模式。集中实习模式在我国体育院校通常会被采用,大部分院校安排在第七学期,总实习时间大约为8周,但真正用于课堂教学实践的时间只有5~6周(除去实习前的准备期和实习结束阶段的总结期)。近几年,随着体育院系的数量不断增多以及招生规模不断扩大,在一个实习点实习的学生人数越来越多,呈现出供大于求的局面,这在一定程度上使学生在实习中体验实践的机会有所减少,不利于学生知识运用能力的提高。

(3)专业理论课程与技术课程的比例

当前,国内外体育院校的课程设置的新趋势为:加大专业基础理论课程的比重,缩小技术课程的分量。在这一方面,我国体育院校与国外体育院校是比较接近的。需要说明的是,国外体育院校减少术科比重的重要手段不是减少课程数量,而是减少了每门技术课程的学分或学时。这与我国体育院校以减少技术课程门数,不降低技术课程学分的做法有较大的区别。我国体育院校在技术课程设置的学时比例上与国外体育院校没有明显的区别,但在课程开设数量方面区别很大。

(4)选修课程与必修课程的比例

现代高等教育课程设置的趋势是课程扩增(选修课程)。历年来高校都会对选修课程与必修课程的比例展开争论,这两类课程比例直接对学校提供给学生自主选择学习课程的自由度造成影响。国外高等教育理论认为,学校设置选修科目的必要性在于防止缺乏远见的专门化和无计划地选择互无关联的选修科目等问题出现。目前,我国一些重点院校必修、限选和任修课程的比例为7∶2∶1,并朝6∶2∶2的方向发展。我国体育院校三者的比值为7∶1.6∶1.4(北京体育大学)、6.8∶2.2∶1(广州体育学院),这基本上与国内高等院校的比例是一致的,然而与国外一些体育院校相比却有很大的差异。国内一些专家认为,必修课与选修课比较合理的比例为5.6∶4.4。

(5)体育课程分量

课程分量是指每门课程所占的时量,它与学分成比例关系。小型化、微型化是当前先进国家高等院校的课程发展方向与趋势,专业基础课所占课时分量也不会很大。现阶段"理论、技术课程单课分量高,课程门数少"是我国体育院校在课程分量方面的基本特征。这与当前我国体育院校教材内容陈旧、多重复,只重视课堂,依据教学进度来安排教学计划的现象具有密切的关系。当前课程设置和制订教学计划过程中要注意精简教材内容,扩大教材自学比重。

(6)体育课程区分

我国课程区分主要体现在各专业之间课程设置不同,而国外一些体育院校课程区分不仅体现在专业之间的不同,即使是同一专业,也因地区的不同而在课程设置上有所区分,例如,美国8所体育院校课程设置资料显示:75%以上学校开设的相同课程占33.3%;50%以上学校开设的相同课程占42.9%。而我国体育院校基本上属于一个模式,专业如果一样,课程设置也几乎完全一样,甚至有些院系在不同的专业上其课程设置也几乎相同,这在很大程度上阻碍了我国体育人才类型的多样性和社会适应性。

3.课程管理

课程管理主要包括课程开发、课程选择、课程实施以及课程评估等。课程管理本身虽然不属于课程体系构建的范畴,但其与课程体系的构建有尚未直接的关系。这方面存在的主要问题是课程开发与课程选择不够严谨,一定数量的"三无"课程(没有统一的教材和教参,没有专业的指导教师,没有可以借鉴的教学经验)依旧存在,有些课程只有一个课程名称就上了课表。在课程评估方面,合理的评估工作程序尚未建立,也没有建立课程评估的指标体系,有些课程完全没有经过评估。开设课程同开辟一个研究领域是不同的,有时一个问题就可以构成一个研究领域,而由研究领域转而形成一门课程,其前提是研究成果达到一定的数量,知识总量达到一定程度,且具备相对完整的理论体系,有的课程原创性或本体性知识内容较少,基本上采用拿来主义,其问题主要表现在没有做好引进内容的改造与吸收工作。以下几个方面是导致上述问题的主要原因。

(1)没有进行先进的课程理论研究

理论是开展任何实践工作的基础,实践工作如果没有理论指导就会变得盲目,没有头绪,而且难以达成既定目标。我国的课程理论大多是以基础教育为研究对象的,而我国的高等体育院校则长期忽视对课程理论的研究,课程理论几乎是空白。近年来,虽有一些进展,但缺乏系统深入的研究。在课程设置的基本原理、课程编制与评价技术、课程结构模式、课程的形式等重大理论问题上尚未形成较为一致的意见。总体来看,传统的以狭窄专业教育为本位的模式依旧没有在课程设置到内容选择的过程中消失,相关的改革也没有取得一定的突破与创新,探索之路只处于开始阶段。

(2)专业意识过于强化,课程观念淡薄

我国学校课程管理过于重视专业意识,没有很强的课程观念,这主要表现在三个方面:一是许多人受传统的"专业"观念的影响,认为学校体育教育就是培养体育专门人才,课程是绝对为专业服务的,在追求大而全的专业结构时忽视了课程建设。二是在设置课程时没有体现系统性与整体性,没有明确掌握专业内部和不同专业间课程的衔接和逻辑关系,没有充分体现专业的学科体系和学科自身知识的完整性与系统性,所制定课程缺乏与相关课程及后续课程的相互衔接和贯通,导致选修课程在内容上相互交叉。三是对课程的价值判断存在偏差,主要表现在课程的学时分配上,有些实用性、针对性强的课程学时严重不足。

(3)没有明确的人才培养目标

归根结底,课程设置的目的是培养一定要求的人才,如果没有正确的科学的人才培养目标,课程体系的建设一定会受到不利的影响。体育教育到底是培养"专才"还是"通才",是专业教育还是"通才"教育,是以开发培养智能为主,还是以传授知识为根本任务等,这些问题直接关系到人才培养目标,但这些问题依然在不断地被争论,没有明确的答案。体育教育专业的培养目标虽然较为明确,但由于课程和教学观念的滞后,所培养人才的综合能力与综合素质严重欠缺。

总之,当前,我国体育教师职前培养课程体系改革的重点在于增加体育教育本科专业课程体系,扩大学生学习的范围和领域,提高学生获取知识的能力。目前,我国体育高等院校的课程设置逐渐趋向合理,但仍存在一些鲜明的问题,如课程结构不合理,与社会发展、人才培养目标协调不一致,学生学习的自由度较小等,需要不断地探索与修正。

(四)体育教师职前培训的改革对策

1. 以中小学为职前教育基地

当前我国教师职前教育最大的问题是与中小学实践脱节,新教师走上工作岗位后面临的最大挑战是适应。对实践的适应必须在实践中进行。因此,新教师工作的第一年必须是终身经验学习的开始,实地经历的提供应成为新教师入职教育的最重要举措。

现阶段以中小学为入职教育基地,重视中小学在新教师入职教育的重要地位有利于提高教师的实践教学能力。具体来说,入职教育的主要承担者不应是大学或其他教师培训机构,而应当是来自中小学教育第一线的有经验的教师或专家教师。新教师在这些作为"师父"的专家教师的指导下以"艺徒"的身份进行教学实习,掌握课堂教学常规,学习教学技能。因此,实地经历的效果在很大程度上取决于见习学校的氛围和带教教师的水平。具体来说,当前以中小学为基地进行新教师入职教育必须做好以下两方面工作。

(1)选好培训基地

带教师父的经验可能是狭隘的,见习学校的风格也可能是单一的,因此,见习学校的选择就成为影响新教师入职教育成效的关键因素。

(2)加强培训基地的建设

实地工作环境的规范和文化氛围直接影响新教师对教学专业的认同和适应,也直接影响新教师的生涯发展和专业发展。如果作为入职教育基地的中小学依然以教师之间的排斥合作和相互隔绝为主流文化,那么,新教师将处于自生自灭的境地。可见,重视中小学在教师入职教育中的作用是十分必要且迫切的。

2.以教学能力为本,并进行良好反思

在教学过程中应该以教学能力为本,并且做好反思,体育教师需要做好以下几方面工作。

第一,必须以当前有关教师效能的研究所提出的有效教师的标准为依据,为第一年的新教师确立明确的具体的能力标准,将之作为新教师入职教育的主要目标,并以此为试用期满后获取正式的职业资格的考核指标。

第二,必须赋予实习教师更多的自主学习时间,使之能进行个别化的、更富弹性的学习。

第三,必须充分强调教育教学所必需的特定的技能、技巧——如课堂管理、提问、备课、评估、视听设备的运用等方面的技能技巧训练。能力不仅是技能、技巧,也不仅是知识和知识的运用。第一年的工作并不单纯是为了适应,更关键的是为将来进一步的专业发展打下良好的基础。

3.建立并完善辅导教师制度

以老带新是我国新教师培养的重要途径。在新教师进入工作岗位后,由有经验的教师进行"带教"在我国由来已久且较为普遍地得到实施,但是目前这种"带教"制度在我国缺乏必要的制度建设。

如前所述,辅导教师制度是教师入职教育制度的核心。老教师与新教师之间辅导关系的质量直接影响教师入职教育的成效。为了保证老教师与新教师辅导关系的质量,应从以下几个方面着手促进二者之间的关系。

(1)将辅导教师的选择和培养制度化

指导新教师的工作应该由优秀的老教师负责,在带教的师生关系中辅导教师必须具备扎实的教育教学基本功、丰富的教育教学经验,辅导教师的年龄、性别、个性特征等都可能影响带教质量,所以学校应当对辅导教师进行严格的选择,并根据教师的特点来为他们确定辅导教师。当一些具备丰富经验的教师缺乏有效的带教技能以及缺乏支持和帮助新教师的有效策略时,学校还应当与高校、教师培训机构或校际的教师发展中心进行全面合作,培养高素质的辅导教师。

(2)为老教师与新教师提供指导便利

具体来说,就是保证老教师与新教师有足够的机会共同工作和活动,并使这种活动制度化,在带教过程中需要老教师与新教师的频繁互动,带教质量正是以双方的频繁互动、有效交流为基础的。辅导教师对新教师教学活动的指导、观察和评价,双方共同参与的讨论、研究等活动的经常性和制度化,正是带教质量的最重要操作保障。因此,有学者建议,为了便于互动交流,带教关系的双方应当任教同一学科、同一年级,并且双方的教学场所应当处于邻近位置。在这些活动中,辅导教师能否以尊重、信任的态度热情地对待新教师,新教师能否虚心真诚地请教和接受辅导教师的指导,将是影响带教质量的关键因素。

(3)保证带教活动有充足的时间并给予其制度保障

由于承担了一部分指导和学习工作,高校必须适当减轻辅导教师和新教师的日常工作量,这是双方活动的必要,对辅导教师而言,时间是影响其带教积极性的重要因素,对新教师而言,这将有助于其有充分的时间总结教学经验,获得进步。

4. 建立入职教育政策保障体系

促进教育改革切实保证新教师能接受系统的入职教育，建立健全我国新教师入职教育的政策保障体系，基于新教师入职教育有效的政策乃至法律的保障。具体来说，应做好以下工作。

第一，加强"名师"工程建设，提高名师的资格条件，将教师培养当作名师资格的最重要条件之一。

第二，将教师入职教育纳入教师资格和任用制度，使之成为获取教师资格及进入教学专业的必要条件。

第三，将教师培训进修的权力下放到学校一级，将实地活动纳入教师继续教育范畴。

第四，将辅导教师的培养纳入教育硕士培养系统中，在师范类学生的学习内容中增加带教技能的训练。

第五，建立教师资格申请制度，并赋予中小学带教教师对教师的资格和任用的更大发言权。大学要在教师入职教育中发挥更大的作用，应当逐步将教师入职教育过渡为学历性教育，赋予一些师范专科学校和中等师范学校以学历性的教师入职教育任务，能使它们在教师的培养中切实发挥作用。

二、体育教师的在职培训

(一)体育教师在职培训的必要性

1. 体育教学能力提高的需要

经过专业教育与培训，体育教育毕业生掌握了扎实的体育专业知识和出色的技能，这样才能熟练地给学生做示范动作，提高教学质量。但需要注意的是，具备了丰富的专业知识和技能，并不能说明其他方面的工作能力强，这和他们的职业能力有关。与其他学科一样，体育教学也要贯彻全面发展的教育方针，注重师生双边活动。但是体育教学主要是从事各种身体练习，教学过程中学生身体要承受一定的运动负荷，且组织工作较复杂等。由于体育学科的特殊性，决定了体育教师要具有不同于其他学科的职业能力，如体育教学能力、运动训练能力、组织管理能力、表达能力和自学能力，这五种能力体育教师缺一不可。对照五种能力不难看出，从体育院校毕业的学生可能过于注重专业知识的学习而忽略了实践技能的培养。总之,体育教师的职业能力培养不是一时一日能完成的,需要长期的学习和培养才能得到提高。

2. 知识结构不断完善的需要

在体育教学中体育教师承担着繁重的教学工作,如课堂教学、课外体育活动的组织、课余训练工作的开展、课余竞赛的实施等。另外,由于体育实践活动具有一定的危险性,体育教师还必须具有一定的现场急救能力。由此可见,在体育教学中体育教师扮演的角色非常复杂,承担着繁杂的教学工作。在这种情况下,复杂的角色及繁杂的工作对体育教师的知识结构提出了更高的要求。一名优秀的体育教师不仅应当具有扎实的学科专业知识和教育教学方面的专业知识,还应该具有较强的组织管理能力和处理应急事故的能力。

体育教学是处于不断发展中的,新的教育理念、教学内容、教学方法等的出现与推广都需要体育教师重新学习。否则,体育教师很可能脱离时代发展,远离体育教学实际。在这种形势下,体育教师必须不断丰富和完善自己的知识结构才能满足体育教学的需要。尽管体育教师可以通过自学的方式来完善自身的知识结构,但个人的经验总是有限的,而且从学习效率和全面性来说,都不如通过正规的有组织的在职教育形式。正规的有组织的在职教育,可以对体育教师知识结构上存在的普遍问题进行集中解决,尤其是在传递新的教育观念、教学方法等方面,依托高等教育结构的有组织的在职教育形式更具有优势。

总体来看,我国体育教师的知识结构还存在不均衡现象。在一些偏远山区学校,体育教师并未接受过系统的专业训练,大多数都是依靠自己的经验进行教学,这种状况对我国体育教学发展是非常不利的。因此,从我国体育教学整体上的均衡发展来看,这一部分体育教师亟须通过再教育来完善其知识结构。

3. 自学能力不断提高的需要

体育教师要想得到不断的发展和成长就需要提高自学能力,促使自身得到进一步发展,以适应体育教学的要求和需要。

体育教师的学习不仅包括有组织的系统的学习,还包括自学的内容。有组织的系统的学习可以帮助体育教师在共同的知识领域取得共同进步,而自学却可以帮助体育教师形成自己独特的教学风格。然而自学并不简单等同于一个人独自学习,因为自学的效果更取决于良好的自学能力。自学人人都会,但良好的自学能力并不是人人都具有。良好的自学能力的获得一方面靠个人的摸索;另一方面需要通过接受教育来获得。在大学阶段,体育教师由于课程任务重,大多数时间都用于集体的有计划的课堂学习中,其自学能力的发展受到一定的抑制。而在职教育的形式和内容都更为灵活,体育教师作为在职学习者主动参与教学活动的自由度更大,更可能在学习中主动表达自己的观点,这对发展体育教师的自学能力来说有较大益处。

此外,不同形式的在职教育可以激发体育教师个体自学的动力。体育教师应认识到学无止境的重要性,只有继续学习、深造,才能适应工作的需要。在实际教学中学习老教师的丰富经验,学习青年教师的新思想、新思路,互相切磋,取长补短,只有这样才能提高自己的综合素质与水平,提高教学质量。

(二)体育教师在职培训的特征

1. 在职教育内容由学科性向综合性转变

在20世纪90年代以前,体育教师的在职教育主要是围绕每个学期学校体育教学的重点和热点而开展的。例如,20世纪50年代至60年代初期,体育教师在职教育(培训)的主要目的是上好体育课,通过明确体育教育的目的转变教学观念、贯彻体育教学大纲、掌握体育教材教法、提高教学技能等,适应当时学校体育教学的基本需要。

新时期,特别是基础教育新的课程体系在课程的功能、结构、内容、实施、评价和管理等各方面都体现了一种综合性的趋势和要求,它强调了不同学科知识之间的沟通与融合,对体育教师的知识、能力等整体素质提出更高的要求。因此,在职教育的内容也由此转到全面提高教师综合性、多元化学科与专业结构的横向综合素质的发展上,转变教育观念、提高师德修养、掌握现代教育技术、更新与拓展知识成为这一时期在职教育的主要内容。

2. 在职教育模式由单一型向多样化转变

在职教育对体育教师的发展来说非常重要,因此,建立和形成一个稳定的教育模式对于体育教师来说是非常有利的。教师的在职教育培训模式主要是指在基础教育领域内根据教师在职教育的目的、任务和要求,对取得教师资格的在职教师实施教育的一种较稳定、有个性的格局、形式和过程。在职教育模式主要包括教学模式和组织模式两种。由于我国在职教育研究起步较晚,对在职教育具有的实践性、创新性、层次性、针对性、个体性、反思性等特征还缺乏深层次的理论研究和实践验证,因而,在职教育的模式自觉或不自觉地沿袭了学历教育的模式。课堂讲授的教学模式和集中统一的组织模式长期统治了中小学教师在职教育的全过程,受教育者完全处于被动的支配地位,学习的主动性和积极性得不到良好的发挥。

新时期受国外体育教育培训模式的影响,院校培训模式、校本培训模式、研培结合培训模式、自修—反思模式、学分驱动培训模式、导师制培训模式、案例培训模式、区域资源整合模式等在我国各高校中得到了广泛的应用,对我国体育教师的在职培训具有重要的推动作用。

3.在职教育目标由提高学历向优化质量转变

随着我国高等体育教育事业的快速发展,本科教育的逐步普及,体育教师学历达标率得到不断提高。新时期,我国教育的改革发展要求教师队伍建设实现由"数量扩张型"到"质量优化型"转变。体育教师在职教育的重点由提高学历层次为本向转变教育观念、提高师德修养、掌握现代教育技术、拓展和更新知识,全面提升质量新平台方向发展,体现了终身教育的理念和教师专业化发展的特殊内涵。

(三)体育教师在职培训的策略

1.教育行政部门不断完善相关培训制度

各级教育行政部门要不断完善教师在职培训机制,使之法规化和制度化。建立适当的在职培训评价体系和激励机制,尤其要注重边远山区和欠发达地区体育教师的培训工作。培训机构应增强使命感和责任感,在配合、指导、推动体育基础教育改革的过程中不断调整培训目标、课程体系和教学内容,积极探索新的办学形式、培训模式和教学方式,注重培训过程的系统性、层次性和连续性。还要建立教师培训档案,加强跟踪培训与考核,融管、培、用为一体,做到使学员听有所触、看有所思、学有所用,从而形成开放的、充满活力的、适应新时代要求的体育基础教育需求的体育教师培训体系。

2.树立体育教育的新理念

要想促进体育教师在职培训的发展,学校各级领导要转变和更新体育教育的思想观念,实现体育教师培训由"被动型"向"自主型"转变。而要想实现这一转变,首先,要树立正确的教育思想观念,因为教育思想观念是培养未来合格人才的先导,是实施素质教育的先决条件。体育教师在培训过程中要意识到在职培训是体育教师教育的一个重要组成部分,教师要适应未来学校体育教学工作,逐步树立开放教育观念、创造教育观念、终身教育观念及素质教育观念等。其次,体育教师应成为体育与健康课程资源的研究者和开发者,成为教学的组织者和指导者。因此,体育教师的在职培训应以树立新观念,掌握新理论、新知识、新技能、新方法为出发点,增强学习的自觉性、积极性和主动性,不断学习和充实自己,树立不断提高、不断发展、不断完善的价值取向。

3. 建立恰当的在职培训课程体系

建立一个符合体育教师在职培训目标的课程体系,是提高体育教师在职培训质量的关键。在设计体育教师在职培训内容的过程中既要处理好职前培养与在职培训的关系,又要充分体现培训的特点,同时要处理好各阶段、各层次体育教师之间的关系,做到前后连贯,有序衔接。此外,还要处理好在职培训课程设计之间的各类关系,做到沟通融洽。体育教师在职培训内容除了包含体育学科知识、体育教师职业有关知识和教育基础理论知识外,还必须立足于体育教学的实际,紧密联系体育教育实践,加强师德教育,把现代科学技术、国内外教育改革与发展、体育教育发展的最新成果及时纳入培训内容中,用现代教育思想、教育理论、教育技术和新的学科知识来指导体育教师的教学实践,从而加强对教师的教育科研创新意识与创新能力和运用现代教育技术能力的培养。只有这样,才有利于教师提高创新能力和实践能力,适应体育与健康课程的需要。此外,培训内容也必须在理论与实践上都有一定的现实意义和可操作性,要突出针对性、实效性和先进性,体现多样性,充分满足来自不同地区体育教师的需求,以便培训过程中按需施教、学用结合。

第三节 体育教师信息化教学能力的特点与构成

一、体育教师信息化教学能力的特点

(一)复合性

随着信息化社会的到来,体育教学对体育教师教学能力的要求已不再局限于单一地传授体育知识和技能,还要求体育教师具有技术化的知识内容、技术化的教学方法、技术化的协作教学。体育教师的信息化教学能力是复杂多样的,在信息化的教学环境中体育教师必须具有信息化教学的传授能力,同时,还要具备促进不同学习风格和不同学习策略的学生进行信息化学习的能力,从而使因材施教在信息化社会中真正得以实现。总之,在信息化社会中体育教师的信息化教学能力呈现出复合性特点。

(二)关联性

体育教师的信息化教学能力是由各种子能力构成的,这些子能力之间是相互关联的。信息化教学能力是建立在一定教学能力基础上的,如学科教学内容的能力、一般教学法的相关能力、基本的教学技术能力等基础能力。因此,体育教师必须对体育教学内容具有清晰的认识,掌握一些必备的体育教学法,并具有一定的体育教学技术能力。

(三)发展性

现代社会是一个信息化社会,变化和发展迅速。为了满足不同学习对象的学习发展与能力要求,体育教师必须具有一定发展性的信息化教学能力。另外,在信息化社会中信息技术的更替周期逐步缩短,体育教师必须主动适应这种动态变化的发展,以适应教学改革与发展对教师能力结构提出的新要求,在信息化社会中体育教师自身的专业发展也是动态的、终身的,体育教师必须不断完善和发展自身的教学能力结构。因此,体育教师的信息化教学能力具有一定的发展性。

二、体育教师信息化教学能力的构成

(一)体育教师信息化教学能力的知识结构

体育教师信息化教学能力的知识体系主要包括以下三个层次。

1. 第一个层次

第一个层次主要包括体育学科理论知识、一般教学法知识、体育教学法知识和教学技术知识,这四个方面的知识是体育教师信息化教学能力的知识基础。

2. 第二个层次

第二个层次的知识主要包括信息化学科知识和信息化教学法知识,这两类知识构成了体育教师信息化教学能力的知识主体。

3. 第三个层次

第三个层次的知识是体育教师信息化教学能力的最高要求，主要指信息化体育教学知识体系，是体育教师可以熟练运用各方面信息技术进行体育教学的基础。

(二)体育教师信息化教学能力的能力结构

1. 迁移能力

(1)信息化教学横向迁移能力

信息化教学横向迁移能力主要是指教师将一种信息化教学情境中的教学经验创造性地应用于其他新的信息化教学情境中的能力，是教师对原有信息化教学能力结构的拓展与延伸。在体育信息化教学情境中，体育教师对教学情境的把握、教学活动和教学方式的策略选择、教学媒体的应用、教学活动的程序等，都要依据自身的体育教学经验和借鉴自己的成功做法。通俗地说，就是举一反三、触类旁通。

(2)信息化教学纵向迁移能力

信息化教学纵向迁移能力主要是指教师将学习获得的知识技能应用于解决信息化教学中的实际问题，并应用于现实的信息化教学活动的能力。对于信息化问题的有效解决就需要通过迁移，从这个意义上看，迁移也是信息化教学知识技能向信息化教学能力转化的关键。通俗地说，就是学以致用。

2. 融会贯通能力

(1)信息化体育知识能力

主要是指信息技术与体育知识的融合能力。信息技术与体育知识相互融合，形成体育知识的新形态。原有体育知识形式的新呈现、内容的新拓展，是体育教师将体育知识信息化的一种能力要求。

(2)信息化教学法能力

主要是指信息技术与一般教学法的融合能力，是信息技术同一般教学法相互融合后形成的一种新的知识类型。还需要教师驾驭信息化情境中的一些基本的教学原理和教学方法。

(3)信息化体育教学法能力

主要是指信息技术与体育教学法的融合能力。信息技术与体育知识、一般教学法相互作用形成的一种特殊知识形态,需要教师具备教学技术知识、体育教学法知识。只有将信息技术与体育理论知识、体育教学法相融合,发挥各类知识内容与各种方法策略的优势,才能使教师在新的体育知识形态和新的体育教学方法与策略的基础上实现体育教学效率和效果的有效提高,才能使体育教师信息化教学能力得以有效提升,从而促进不同学生学习能力的全面发展。

3. 合作交往能力

体育信息化教学的合作交往能力,主要是指体育教师和学生在信息化教学情境中要彼此交换思想与感情,促进师生间的交流与沟通,以实现学生体育能力发展为重要目标的能力。信息化教学既是知识、技能的传授,更是学生学习能力发展的促进,因此,体育教师与学生之间必须进行有效的沟通和交往。信息化教学中的教学方式体现出选择化和互动的特点,学生的学习方式也走向了合作、对话、交流、探究与实践。其主要包括体育课堂信息化教学交往能力和虚拟信息化教学交往能力。

(1) 体育课堂信息化教学交往能力

体育课堂信息化教学交往能力,主要是指在体育课堂信息化教学情境中体育教师与学生的交往能力。在体育课堂信息化教学情境中需要实现师生之间的多元化交往,需要定位师生之间新的教学交往关系与角色。

(2) 虚拟信息化教学交往能力

虚拟信息化教学交往能力,主要是指在虚拟的体育信息化教学情境中增强体育教师与学生的教学交往能力。信息化教学交往能力在更多意义上指的是虚拟信息化教学交往能力,在虚拟的学习环境中师生之间的有效教学交往是保障学生学习的前提条件。

4. 教学评价能力

(1) 对学生体育信息化学习的评价能力

信息化社会中的教学评价既要关注学生个体的发展和个体的差异,又要关注信息化情境中学生创造性的学习能力和综合素质的提高;既要关注对学生信息化学习中知识技能的评价,又要关注对学生信息化学习中实践能力发展和情感培养的评价。实现从单一的评价方式向促进学生全面发展的评价方式的转变。学生体育信息化学习的评价具有很强的导向性,强调以促进学生体育信息化学习能力的发展、创造性实践能力的提高为评价的主要价值取向。

(2)对自身信息化教学的评价能力

对自身信息化教学的评价，是以促进教师有效教学为目的的教师信息化教学质量评价，比较注重评价结果，更加强调以促进教师专业发展为出发点的发展性评价，以帮助教师不断提高自身的教学能力和相关业务水平。

第四节 体育教师信息化教学能力的培养策略

一、体育教师信息化教学能力培养的宏观策略

(一)进行职前和在职培养

体育教师信息化教学能力的发展是一个系统的过程，进行职前与在职培训是促进体育教师信息化教学能力发展的重要环节，两者是紧密结合的。通过职前培训，可以使体育教师系统掌握信息化教学技术的知识和能力，为下一步体育教师在体育教学过程中运用信息技术打下了坚实的基础；通过在职培训体育教师可以及时学习最新的信息化教学技术，并可以与更多体育教师进行沟通交流，从而提高自己的信息化教学能力。

(二)传统方式与网络方式相结合

在发展体育教师的信息化教学能力时应该将传统方式与网络方式相结合，传统方式主要是通过面对面的教授和交流来提高体育教师的信息化教学能力。信息化社会中，人们获取信息资源的渠道已经多元化，体育教师自身信息化教学能力发展的知识获取、教学经验分享、教学研讨、协作教学等都可以通过网络方式来实现。因此，可以将传统方式和网络方式相结合促进体育教师信息化教学能力的提升。

(三)自主学习与合作交流相结合

在信息化社会要想提高信息化能力，体育教师必须不断提高自主学习的能力，以适应社会发展变化和教师专业成长的需要。体育教师可以通过自主学习一些信息化教学技术，提高自身的信息化素养。同时，要与其他体育教师进行合

作交流、教学观摩、教学研讨等,也包括教师与学生、教师与专家的交流对话。在信息化社会中,体育教师既要进行面对面的协作交流,又要提高虚拟的、远距离的、跨时空的协作交流能力。

二、体育教师信息化教学能力培养的微观策略

(一)掌握基本的教学技术软件

体育教师首先应该掌握基本的教学技术软件,这是信息化教学能力的基础。例如掌握教学办公软件,特别是PPT,这是最常用的课堂知识展示方式,并学会运用计算机掌握和获取一些教学素材。还要利用业余时间学习一些多媒体技术,提高多媒体技术能力,从而不断提高体育教师的信息化教学能力。

(二)参加一些网络技术培训课程

随着知识经济的到来,网络和新媒体上出现了各种培训课程,比如网络技术培训课程。这些课程往往是付费的,专业性比较强,体育教师可以通过付费参加这些网络技术课程的学习,不断提高自己的信息化教学能力。

(三)向其他教师请教和学习相关经验

每一名教师的信息化教学能力都是不同的。由于体育课程的缘故,平时上课使用信息技术教学的时间比较少,而其他学科教师却不同,他们要经常使用信息技术手段进行教学,因此,体育教师可以向其他教师请教和学习相关工作经验。同时,也可以向信息技术教学能力比较突出的体育教师进行请教,从而不断提高体育教师的信息化教学能力。

参考文献

[1] 邱天.高校体育创新思维的教学与实践[M].厦门:厦门大学出版社,2020.

[2] 邹骐阳.体育教育学科知识论基础及价值选择研究[J].体育科技文献通报,2019(11):88-94.

[3] 王颖.高校体育教育专业基础理论课程教学改革探究——以《学校体育学》为例[J].山东体育学院学报,2012(1):107-111.

[4] 杨秀清,任静,于洪波.高校体育教学创新方法论[M].北京:中国石化出版社,2019.

[5] 张爱兰.新课程理念下的高中体育创新教学模式探究[J].考试周刊,2016(14):106.

[6] 张胜利,邢振超,孙宇.高校体育教学与科学训练[M].北京:九州出版社,2015.

[7] 杨乃彤,王毅.高校体育教学创新及运动教育模式应用研究[M].北京:九州出版社,2019.

[8] 戚清瑞.高校体育教学评价的现状及改进方法分析[J].当代体育科技,2019,9(2):133-134.

[9] 陈玲.运动教育模式在高校体育公共课中的体系构建和成效研究[D].大连:大连理工大学,2018.

[10] 杨枭.高校体育教学理论探索与实务研究[M].北京:中国社会科学出版社,2016.

[11] 张亚平,杨龙,杜利军.高校体育教学理念及模式创新研究[M].北京:中国商业出版社,2022.

[12] 张丽蓉,董柔,童舟.人文精神视阈下高校体育教学模式的理论构建[M].北京:中国纺织出版社,2019.

[13]彭仁兰,王根深,赵鹏东.体育教学改革创新与信息化教学研究[M].北京:中国书籍出版社,2021.

[14]黄燕春,杨国珍.信息化时代背景下体育教学的创新与发展研究[M].北京:中国书籍出版社,2021.

[15]曹电康.信息化时代体育教学思维转变及其改革发展探索[M].北京:中国水利水电出版社,2018.